소중한 마음을 가득 담아서

_____ 님께 드립니다.

나쁜 생각

BAD THOUGHTS

이봉호 지음

STiCK

컬처홀릭의 중독일기 41

나쁜 생각

초판 1쇄 인쇄 2016년 2월 22일
초판 1쇄 발행 2016년 2월 29일
지은이 이봉호

발행인 임영묵 | **발행처** 스틱(STICKPUB) | **출판등록** 2014년 2월 17일 제2014-000196호
주소 411-863 경기도 고양시 일산서구 일중로 17, 201-3호 (일산동, 포오스프라자)
전화 070-4200-5668 | **팩스** (031) 8038-4587 | **이메일** stickbond@naver.com
ISBN 979-11-952335-4-0   03300

[원고투고] stickbond@naver.com
출간 아이디어 및 집필원고를 보내주시면 정성스럽게 검토 후 연락드립니다. 저자소개, 제목, 출간의도, 핵심내용 및 특
징, 목차, 원고샘플(또는 전체원고), 연락처 등을 이메일로 보내주세요. 문은 언제나 열려 있습니다. 주저하지 말고 힘차
게 들어오세요. 출간의 길도 활짝 열립니다.

[모니터링] 도서 모니터링 요원을 수시로 모십니다. '[모니터링 신청]' 제목만 적어 이메일을 보내주시면 접수 완료됩니다.
도서관심분야, 나이 및 성별, 연락처 등을 함께 보내주시면 선정 시 큰 도움이 됩니다.

그들에게 중독을 허하라

사람들은 모두 중독자의 염색체를 갖고 태어난다. 이 염색체는 시간이 흐를수록 자유자재로 자신의 형체를 변형한다. 어떤 때는 악성 염색체로, 어떤 때는 양성 염색체로 인간을 떡 주무르듯이 지배하는 초강력 숙주다.

무엇인가에 지배된다는 사실은 불편한 현실을 무방비로 받아들인다는 거다. 여기에서 지배당하느니 차라리 지배하는 게 낫다는 생존의 법칙을 논하자는 이야기가 아니다. 말도 많고 탈도 많은 중독의 비밀을 이번 기회에 제대로 파헤쳐보자는 말이다.

지구에는 총천연색의 악성중독균이 살고 있다. 쇼핑중독, 미디어중독, 도박중독, 조미료중독, 권력중독, 섹스중독, 마약중독 등이 그것이다. 하지만 이것이 중독의 전부는 아니다. 다른 한 편에는 쓸 만한 중독보균자가 오순도순 모여 살고 있다. 이 책에서는 악성중독균을 멀리할 수 있는 쓸 만한 중독을 말하고자 한다. 조금 더 자세히 말하자면 '문화중독자'의 사생활을 마음껏 털어보자는 거다.

세상은 결코 우리가 기대한 만큼의 자유와 행복을 허하지 않는다. 이유가 무엇일까. 세상을 만드는 중심에 인간이 존재하지만, 미련하게도 인간 스스로 자유와 행복을 구속하기 때문이다. 그 외곽에 사회, 문화, 국가, 철학이 자리 잡고 있다. 이 복잡다단한 삶 속에서 왜 우리는 중독의 지배받는 것일까.

이유는 간단하다. 그만큼 강력한 중독 바이러스가 공기 속을 요리조리 부유하기 때문이다. 한 번 걸리면 적어도 십여 년간 신체와 정신의 마비증상을 각오해야 한다. 운이 좋게 빠져나온다고 해도 후유증이 만만치 않다. 또 다른 악성중독에 빠질 가능성도 높다. 어쩌면 평생을 악성중독균에 시달리면서 손과 발이 잘린 채로 생을 마감할지 모른다. 억울하지 않은가.

이우혁 작가의 연작소설 『퇴마록』에서는 귀신을 물리치는 퇴마사의 이야기가 펼쳐진다. 퇴마사들은 아우라와 종교, 강한 전투력을 바탕으로 온갖 종류의 귀신들과 공방전을 펼친다. 악성중독 또한 마찬가지다. 중독에는 중독으로 맞서는 게 최고다. 건강한 중독, 미치면 미칠수록 내공이 강해지는 중독, 세상의 입김에 지배받지 않는 중독이 바로 그것이다.

문제는 연마가 쉽지 않다는 거다. 소림사가 등장하는 홍콩무술영화를 본 적이 있다. 줄거리는 단순하다. 전투력이 무지막지한 적에게 절체절명의 피해를 본 주인공이 초반부에 등장한다. 그는 복수를 위해서 소림사를 찾아간다. 주인공은 그곳에서 고승과 독대를 한다. "제게 무술을 가르쳐 주십시오." 고승이 주인공에게 질문한다. "무엇이 보이는가?" 주인공이 대답한다. "산은 산이요. 물은 물입니다." 다시 고승이 말한다. "자네에게 소림사를 허하네. 당장 오늘부터 무술을 가르치겠노라."

주인공은 '시작이 반이다.'라고 외치며 소림사에 당당히 입성한다. 여기까지는 좋았다. 그런데 말이다. 산은 산이었고, 소림사는 소림사였지만, 무술은 무술이 아니었다. 고승은 주인공에게 차고 때리는 무술은 고사하고 물 길어 나르기, 청소, 밥 짓기, 농사일, 화장실 청소만 죽으라고 시킨다. 홍성대 박사의 책 『수학의 정석』처럼, 고승은 주인공에게 탄탄한 기본기를 먼저 가르치려는 속셈인가 보다.

소림사 이야기 속에 문화중독의 정체가 숨어 있다. 아쉽게도 문화에 중독되는 지름길은 없다. 이건 학생 시절 머리글자를 따서 외우던 암기과 목과는 차원이 다르다. 아무 생각 없이 외운다고 해결할 만한 영역이 아니라는 거다. 그렇다고 포기할 수는 없다. 쉽게 얻을 수 있는 중독이라면 쉽게 버려질 수도 있다는 사실을 명심해야 한다. 다음에는 호환 마마보다 무섭다는 악성중독의 특징을 살펴보자.

이 악성중독이라는 녀석은 누구나 쉽게 친해질 수 있다는 거다. 문제는 그다음부터다. 친해지면 친해질수록 내상이 만만치 않다. 머리는 점점 굳어지고, 주변에 자신보다 잘나 보이는 사람들만 늘어가며, 사고보다 본능에 우선한 삶이 현실을 지배한다. 악성중독은 유행과 속박이라는 고가의 외국산 자가용을 타고 다닌다. 살다 보니 나만 이 유행의 물결에서 빠져 있더라. 부지런히 남들을 따라 해본다. 명품을 지르고, 출세를 위해서 상대방의 인격 따위는 가볍게 무시한다. 자극적인 사건·사고만을 반복하는 미디어 매체의 머리기사만을 뇌에 무한 입력한다. 인공조미료가 잔뜩 들어간 음식을 투입해야만 하루를 연명할 수 있다. 돈이 인격보다 무조건 우선이라고 생각한다. 성공을 위해서라면 언제든지 자신의 영혼을 시장에 내다 팔 수 있다. 올라갈 줄만 알지 내려가는 인생은 아예 생각하기도 싫다. 어느 날 거울을 보니 희끗희끗한 흰머리가 덕지덕지 붙어 있다. 늙어버린 거다. 이제는 우리가 헤어져야 할 시간이다. 아무런 마음의 준비도 없이 계단을 내려가야 한다. 내키지 않지만 어쩔 수 없다.

이쯤에서 심호흡을 해보자. 들숨과 날숨을 반복해서 천천히, 조금 더 천천히. 아니, 그 정도로는 부족하다. 창창한 시간 속에서 심호흡 몇 번 한다고 삶의 대열에서 뒤처지지 않는다. 이왕이면 제대로 해라. 이제야 느껴지는가. 그대는 심호흡 한 번 제대로 하지 못하면서 삶을 연명하고 있었던 거다. 바쁘다는 이유로, 돈을 벌기 위해서, 가족을 위한다는 명분으로, 미래를 위해서, 그대는 많은 것을 내려놓고 살았던 거다.

영화 〈파인딩 포레스터〉에서 주인공 맷 데이먼에게 글을 가르치던 작가 숀 코네리는 이렇게 말한다. '생각은 나중에 떠오르는 법. 처음에는 가슴으로 써라. 다음에는 머리로 고쳐 써라. 글을 쓰는 첫 번째 열쇠는 생각하는 것이 아니라 쓰는 것이다.'. 문화중독 역시 글 쓰기와 비슷하다.

문화와 예술은 거창한 존재가 아니다. 인간이 만들어낸 삶의 표현이자 모방일 뿐이다. 그대의 '나쁜 생각' 하나면 충분하다. 그 관심이 쌓이고 쌓이다 보면 중독이라는 수호천사가 등장한다. 중독하라. 중독의 과정에서 주위 사람들과 조금은 다른 삶을 사는 자신을 발견할 것이다. 그들의 눈총이 부담스러울 수도 있다. 삶이 외로울 것이다. 하지만 이번 기회를 놓치면 평생을 악성중독의 늪에서 벗어날 수 없다.

나는 문화중독자다. 지금까지도 그러했고, 앞으로도 그럴 것이다. 소개하는 이야기들은 문화중독자로서 살아왔던 삶과 지금의 삶, 앞으로의 삶에 대한 소소한 이야기들이다. 중독으로 가는 길에서 만났던 암초와 갈등, 재미난 에피소드와 잊지 못할 추억이 떠오른다. 그 추억들이 하나둘씩 쌓여갈 때 자신만의 역사가 이루어진다. 이것이 문화중독자의 역사다. 이제 펜을 집어들자. 하얀 종이 위에 무엇을 쓸 것인가. 조심스럽게 종이 위에 두 글자를 천천히 적어 본다. '문화 중독자'.

내 실없는 농담에도 늘 웃어주는 아내,
성불하세요.

내게 글 쓰기를 권해준 고마운 해동이 형,

건강하시죠.

신촌문학회 친구들,

늘 잊지 않고 있습니다.

음악동호회 내슈빌 사람들,

아직도 좋은 음악들, 듣고 있겠지요.

창작의 의미를 가르쳐준 최인석, 박성원 선생님,

저도 이제 작가가 되었습니다.

늘 변함없는 출판사 대표님,

용맹정진하겠습니다.

309일간의 빛나는 삶을 남긴 김진숙 선생님,

그대가 진정한 문화중독자입니다.

마지막으로 세상의 모든 중독자에게,

눈을 감는 그날까지 부디 중독 하시기를.

문화중독자 이봉호

차례

제1장

상수동의 여름

읽어야
산다 1

나는 은둔형 인간이다. 어릴 적부터 동네 골목길에서 놀기보다 혼자 방구석에 틀어박혀 만화를 그리거나 애늙은이처럼 근엄한 자세로 책을 읽었다. 그런 짓을 꽤 오랫동안 반복했다.

중학교 시절이었나 보다. 석간신문에서 재미있는 기사를 발견했다. 열 살 무렵, 부모가 자전거를 안 사준다고 무려 27년간 집에서 나가지 않았다는 태국인이 있다는 기사였다. 그가 드디어 집 밖으로 나왔다는 기사와 함께 실린 사진 속에는 피골이 상접한 몰골에 머리털과 수염이 무질서하게 자란 인간의 모습이 서 있었다.

한참 동안 사진 속의 인물을 요리조리 살펴보았다. 솔직히 말하자면 그가 부러웠다. 나는 남들이 안 하는 짓을 하면 신문에 나올 수도 있다는 사실을 깨달았다.

어쨌거나 방에 처박혀 책과 사투를 벌이는 습관은 군 제대 즈음해서 정점을 찍는다. 남들은 제대라고 배낭여행이다, 아르바이트다, 소개팅이다, 바지런을 떨었지만 나는 조금 다른 일상을 원했다. 뭐 특별한 것은 아니고 집에서 조용히 쉬고 싶었다. 그냥 쉬는 것이 아니라 집안 서재에 있는 책을 몽땅 읽고 싶었다. 이 책들을 다 읽을 때까지 태국인처럼 절대로 바깥에 나가지 않겠다고 단단히 마음먹었다.

가족들에게는 속내를 밝히지 않았다. 미리 알아봐야 잔소리뿐 더하겠느냐 싶어서였다. 집에서 은둔하는 이상 어차피 밥값은 해야만 했다. 세상에 공짜는 없다. 당연히 부모와 자식 간에도 마찬가지다. 계약서만 없을 뿐 그들 간에도 무언의 규칙과 의무라는 것이 존재한다. 집귀신을 자처한 시점부터 부지런히 청소와 자잘한 집안일을 책임졌다. 도전에는 또 다른 책임이 따른다.

그는 은둔형 인간이다

첫 일주일은 조용히 넘어갔다. '저 인간이 이제야 철이 들었나 봐.' 부모님은 자애로운 눈길로 은둔형 인간을 응시했다. 그때까지만 해도 나름 살 만했다. 하루 열 시간 정도 책을 읽고, 나머지 시간 동안 집안일과 먹고 싸는 일에 집중했다. 텔레비전은 보지 않았다. 누군가가 텔레비전을 '바보상자'라고 했던 말이 영향을 끼친 듯하다. 칩거를 즐기는 루저일지언정 바보가 되기는 싫었다. 그 정도가 이유였다. 당시만 해도 스스로 결정하고 행하는 일에 그럴싸한 이유나 핑계를 댈 만큼 영악한 인간이 아니었다.

문제는 일주일이 지나면서부터였다. 조금씩 내 행동거지에 의심의 눈총들이 모여들기 시작했다. 밥 시간만 되면 또박또박 방에서 기어나오지만, 나머지 시간은 방에 처박혀 있던 내가 이상했던 걸까.

식구들의 태도가 돌변하면서부터 집은 얼음감옥으로 변했다. 부모님과 누이 모두 내게 말을 건네지 않았다. 가족이 아군에서 원수가 되는 것은 시간문제다. 아침 겸 저녁은 아버지가 출근한 뒤에, 저녁은 아버지가 퇴근하기 전에 미리 먹었다. 그것도 혼자서. 적어도 밥이라도 속 편하게 씹어먹고 싶었다.

드디어 3주차가 도래했다. 참다못한 아버지가 내게 잽을 날린다. "야 인마, 언제까지 그 모양으로 살래?" '네에? 아시다시피 전 은둔 거사입니다. 그러니까 절 그냥 좀 내버려 두시죠. 조용히 책만 읽겠습니다. 아시겠죠?'라는 말을 참고 참아 가면서 며칠을 더 버텼다. 다음에는 어머니가 어퍼컷을 날린다. "앞으로 밥도 먹지 마라. 방에만 처박혀 있으려면…." '다른 건 몰라도 사람이 먹는 거로 이러시면 안 되죠.'라고 말하고 싶었지만, 또 참았다.

무슨 책을 읽었더라. 황석영의 『장길산』, 이병주의 『지리산』, 박종화의 『삼국지』, 조정래의 『태백산맥』, 김홍신의 『인간시장』 등 주로 시리즈물을 읽었다. 다음에는 단권으로 나온 문학책을 집중적으로 읽었다. 나중에는 여성월간지나 이씨 가문 족보까지 읽어 치웠다. 한 마디로 난 '책 읽는 하마'였다.

영화 〈빠삐용〉에 등장하는 스티브 맥퀸처럼, 달력에 바를 정(正)자로 읽은 책과 날짜를 꼼꼼히 표기했다. '언젠가는 집에 있는 책을 깡그리 읽는 날이 올 거야. 암 그렇고말고.' 36일째였나. 얼큰하게 취한 아버지가 밤늦게 퇴근하자마자 울화통을 터뜨렸다.

나를 보자마자 참았던 취기가 머리끝까지 올라왔나 보다. 이제는 쫓겨나거나 스스로 집을 나가는 수밖에 없었다. 아버지의 강박에 못 이겨 결국 목표를 이루지 못했다. 어쩔 수 없이 다음 날부터 종로에 있는 일본어학원에 등록했다. 돈을 벌기 위해서 저녁에는 한남동의 음악카페에서 록 음반을 틀었다. 내가 원했던 책 읽는 은둔자의 삶은 정확히 36일이 마지막이었다. 내 기억으로는 책 100권을 독파한 지 며칠이 지난 어느 날이었다.

무인도에
가면
책이
있다더라

나는 스트레스를 책

으로 푼다. 마흔 무렵부터 그런 습관이 생겼다. 날씨가 우중충하면 재미있는 에세이나 만화를 읽는다. 사람들에 치여 짜증이 솟구칠 때는 역사책이나 인물평전을 펼친다. 기력이 없고 피로가 몰려오면 문학책을 찾는다. 지하철에서는 주로 딱딱한 인문서적을 파고든다. 많이 외로울 때는 인터뷰집을 찾는다. 이것이 나의 스트레스 해소법이자 독서법이다.

한 달에 적게는 15권, 많이는 20권 정도 읽는 것 같다. 3년 전만 해도 무작정 책을 샀지만, 책장 12개에 도서들이 만원사례를 기록한 뒤에는 사는 책과 빌리는 책을 적당히 나눠서 해결한다.

살기 위해서 읽는 건지, 읽기 위해서 사는 건지 솔직히 잘 모르겠다. 확실한 것은 무인도에 가더라도 책이 좀 많은 무인도에 갔으면 한다. 술집에 가도 벽에 서재 하나 정도는 있는 곳(그런 장소가 많지는 않지만)이 좋다. 지하철을 타면 스마트폰 대신 책이나 신문 정도는 읽어주는 승객들이 많은 전동칸을 선호한다.

적어도 한 달에 한두 번은 헌책방이나 서점에 가는 이들과 함께 술을 마시고 싶다. 골프나 도박 타령보다 미셸 푸코까지는 아니더라도 노엄 촘스키 정도는 이야기할 줄 아는 사람과 밥을 먹고 싶다. 백화점 쇼핑보다는 책 사는 재미에 정신을 못 차리는 중독자라면 거두절미하고 먼저 말을 건네고 싶다.

읽고 또 읽다 보면 무엇인가를 쏟아내고 싶을 때가 있다. 읽지만 말고 써 보자고 결심한 것은 서른 즈음이었다. 읽다 보면 무엇인가를 세상에 꺼내 보이고 싶다. 그것이 하찮은 자기과시이든 불타는 창작열이든 간에 말이다. 인간은 인정욕구를 갈구하는 생명체다. 아무리 자신을 위해서 글을 쓴다고 해도 그것만은 인정하고 싶다.

인정욕구와 자기긍정의 욕구가 마구 섞이고 섞여 한 권의 삶이 완성된다. 정답은 이거다. 읽어야 산다.

02

읽어야
산다 2

이쯤 되면 궁금증이
튀어나올 법하다. 대체 뭐하는 인간이기에 미친 듯이 책만 읽는다는 건지.
시간이 팽팽 남아도는 백수건달인지, 읽지 않고는 생존할 수 없는 전업작
가인지 등등. 미안하지만 백수도, 전업작가도 아니다. 그저 그런 23년 차
직장인이다. 새벽같이 집을 나와 회사에 출근하고, 짬이 날 때마다 필사적
으로 책을 읽고, 주말과 국경일에는 미친 듯이 글을 쓴다. 글을 쓰다가 뇌
관이 막히면 단골카페에 틀어박혀 맥주를 마시기도 한다.

일하면서 글을 쓰는 작가는 무수히 많다. 안타깝지만 일하지 않으면
서 글만 줄곧 쓰다가는 답이 없다. 99%에 달하는 작가들이 이렇게 살고
있다. 어니스트 헤밍웨이는 기자로 일하면서, 찰스 부코스키는 우편배달

부로 일하면서, 헤르만 헤세는 시계공장에서 일하면서, 스티븐 킹은 세탁소 인부와 건물 경비원으로 일하면서 글을 썼다.

일하는 작가라. 만만하지는 않지만 질러볼 만한 인생인지도 모르겠다. 회사일, 독서, 창작 중에서 가장 만만한 일은 곰처럼 뚜벅뚜벅 책을 읽는 거다. 문제는 시간이다. 하루 평균 200페이지에서 많게는 400페이지의 책을 읽는 게 쉬운 일은 아니다. 하지만 방법은 있다.

이게
바로
소비사회의
구멍이다

사실 읽지 않아도 살 수는 있다. 문제는 삶의 질이다. 삶의 질을 끌어올리는 방법에는 크게 두 가지가 있다. 첫 번째는 돈을 투자해서 자신의 껍데기를 요모조모 가꾸는 거다.

비싼 의류를 사고, 하나에 수백만 원 하는 명품시계와 액세서리를 구매한다. 자동차는 무조건 외제 차로, 음식점도 맛보다는 분위기가 우선이다. 둘 다 충족하면 더 좋고. 만나는 사람들도 될 수 있으면 사회 저명인사나 돈 많은 인물이 우선이다. 그들과 어울리면 웬지 내가 상류층이 된 기분이다. 사실 여부를 떠나서 모양새 나지 않는가.

두 번째 치장하는 방법은 겉으로 보아서는 티가 나지 않는다. 게다가 꾸미는 데 오랜 시간이 소요된다. 쉽게 변화의 기미가 보이지도 않는다. 이 방법을 택한 사람과 깊이 있는 대화를 해보거나 오랫동안 관심 있게 지켜보지 않는다면 차이를 감지하기가 어렵다.

하지만 좋은 와인은 뒷맛이 오래가는 법. 마실 때만 반응이 오는 술은 인스턴트 식품이나 블록버스터 영화처럼 반짝하는 마취 효과만 남을 뿐이다. 이런 초강력 불량식품을 현대인들은 아무 고민 없이 보고, 마시고, 흡수한다. 그들의 혈관에는 서서히 악성물질이 쌓여간다. 문제는 한방에 훅 간다는 거다. 그게 소비주의 사회의 구멍이다.

두 번째 꾸미는 방법은 '읽기'다. 사실 죽기 살기로 읽어봐야 사람의 겉모습은 그대로다. 하지만 사람마다 풍기는 향기에는 분명 차이가 있다. 아침저녁으로 비싼 방향제를 뿌리지 않아도 그 향기는 자신을 바꾸고, 주위 사람들을 바꾸고, 세상을 바꾸고, 인류의 미래를 바꾼다.

물론 읽는다고 단박에 스타일이 달라지지는 않는다. 시간을 확보해야 하고, 양서를 고를 수 있는 넓은 시야가 필요하고, 무엇보다 독서의 가치를 최고로 삼는 자세를 확보해야 한다. 이 세 가지 정도면 충분하다.

사람마다 좋아하는 색깔이 있고, 음식이 있고, 여행지가 있듯이 읽기에도 취향이 존재한다. 미디어에 등장하는 자기계발이나 베스트셀러만 줄곧 읽는 이가 있는가 하면, 일본소설이라면 지름신이 강림하는 이들이 있다. 바람직한 취향일까. 글쎄, 나는 아니라고 본다.

독서에도 선택의 묘가 존재한다. 이왕이면 다홍치마가 아니라, 이왕이면 자신을 키워줄 양서를 골라야 한다. 양서를 고르는 방법은 간단하다. 처음에는 조금 불편하겠지만, 편식을 피해야 한다. 습관이 사람을 살리기도 하고 망치기도 한다. 처음에는 소화가 안 되겠지만, 일단은 저돌적으로 읽고 보는 거다.

단, 읽어도 읽어도 머릿속이 멍해진다면 책을 덮자. 그 책은 버리는 카드다. 괜찮다. 아까워하지 말자. 세상은 넓고 읽을 책은 지천으로 널렸으니까.

이번에는 독서중독 증상에 대해서 말할 차례다. 다들 궁금할 거다. 눈이 앞뒤로 달린 것도 아닌데 직장일을 하면서 어찌 그리 많은 책을 읽느냐고. 정답은 뜻밖에 간단하다. 책을 빨리 읽으면 된다. 사람이 평생 흡수할 지식의 양은 한계가 있다.

책 또한 마찬가지다. 아무리 읽어봐야 평생 1만 권을 넘기기가 쉽지 않다. 그렇지만 방법은 있다. 눈썹이 휘날리게 후다닥 읽는 거다. 단, 집중해서 읽자. 세상이 네 쪽이 나도 책에서 눈을 떼지 말자.

예전에 누군가가 이런 질문을 했다. 도대체 그 많은 책 내용을 어떻게 다 기억하느냐고. 연세가 지긋하신 양반이었기에 즉답을 내놓지는 않았다. 재미없지만 우리나라는 늘 장유유서의 정신으로 버티는 사회이니까. 사실은 이런 말을 하고 싶었다. 지식과 지혜와 어느 것을 선택하겠느냐고.

"나는 책을 외우기 위해서 읽지 않아요. 외운다는 것은 오로지 지식을 갈구하는 거죠. 솔직히 간단한 지식은 네이버 지식인을 찾아보면 실

시간으로 끄집어낼 수 있어요. 중요한 것은 지식이 아니라 지혜입니다."
라고 말이다.

이미
그대는
멋진
독서중독자다

책과 사람과는 비슷한 부분이 있다. 다시 만나고 싶은 사람처럼 다시 읽고 싶은 책이 존재한다. 반대로 두 번 다시 만나고 싶지 않은 사람처럼 버리고 싶은 책이 존재한다. 앞부분에서 말한 책은 나중에 명품으로 화한다.

그런 책은 다 읽은 후, 책장 위 칸에 모셔 두거나 중요한 부분에 붙임쪽지를 살짝 붙이거나, 과감하게 형광펜을 칠한다. 가끔은 노트에 필사를 해보기도 한다.

독서의 내공이 켜켜이 쌓이다 보니 두 번 이상 읽고 싶은 책은 자연스럽게 인문학이나 사회과학 쪽으로 기운다. 읽다가 아니다 싶으면 과감히 접어버리는 용기도 생겼다. 책을 빛의 속도로 읽는 습관도 터득했다. 책 전체를 빠짐없이 읽어야만 한다는 강박관념에서 벗어나는 게 첫 번째다. 다음으로는 중요한 단락 위주로 읽는 방법을 권한다. 장소에 상관없이 책을 펴드는 습관 또한 놓치면 안 된다. 지하철 전동칸이나 누군가를 기다리는 시간은 최적의 독서공간이자 독서시간이다. 잠자기 전, 한 시간은 반드시 고수해야 하는 독서의 황금 시간대다. 주말에 여덟 권의 책을 읽은 적도 있다. 세상에 불가능이란 있지만, 불가능한 독서는 없다는 게 나의 지론이다.

독서란 꼬리에 꼬리를 무는 일종의 두뇌게임이다. 출판사별로, 작가별로, 주제어별로, 시대별로, 국가별로, 장르별로, 관심사별로, 독서의 꼬리물기는 끝이 없다. 그 넓고 넓은 책더미 속에서 오아시스를 발견하는 재미를 놓칠 수야 없지 않은가.

다시 말하지만 읽어야 산다. 읽고 또 읽다 보면 길은 자연히 보이기 마련이다. 일단은 읽자. 읽고 또 읽다 보면 새로운 세상이 열릴 것이다. 독서 내공이 쌓이면 껍데기를 가꾸기 위해서 시간이나 돈을 허비할 일은 없을 것이다. 이미 그대는 멋진 독서중독자니까.

나쁜 공부, 착한 공부

이른바 '생계형 공부'의 시대다. 학점을 위해서라면 영혼마저 내려놓을 기세로 시험성적에 모든 것을 걸어도 취업의 벽은 쉽사리 닫힌 문을 열어주지 않는다. 어려운 책이라면 무조건 멀리해야 인생이 멋져진다는 불쌍한 젊은이들이 늘고 있다.

누구의 책임인가. 분명히 말하지만 사회의 책임, 어른들의 책임, 교육구조의 책임, 대학의 책임이 크다. '아픈 건 모두 공부 못하는 너희 청춘들 책임이니까 무조건 달게 받으세요.'라는 어설픈 위로는 분노만 자아낼 뿐이다. 돈이 학벌을 만들어주고, 어릴 때부터 돈이면 모든 것이 해결된다는 엉터리 이론을 설파한 것은 취업난에 시달려보지 못했던 온실 속의 화초 같은 어른들이다.

아무리 학원에서 밤을 지새우고, 한 달에 수백만 원에 달하는 입시학원에 과외공부를 한다 해도 끝이 보이질 않는다. 공부에 또 공부, 아무리 머리를 싸맨다 해도 출구가 보이지 않는다.

이젠 아르바이트가 말 그대로 알바가 아닌 평생직업이 될 판이다. 일본의 젊은이들처럼 적게 벌고 적게 쓰는 게 상책이다. 젊은 세대의 눈빛이 동태눈깔로 변해간다고 개탄하는 정치인들의 헛소리가 들린다. 그럼 그들은 대학에 다닐 때 얼마나 많은 책을 붙들고 씨름했기에 정신상태가 이 모양일까.

이건 해도 너무한다. 어쩌다 책 읽는 방법까지 친절하게 설명까지 해야 할 지경에 이르렀는지 모르겠다. 제대로 된 사유라고는 아예 시도조차 꺼리는 스마트폰 중독자들이 사회를 가득 메우고 있다.

학문에도
평균수명이
있다

서른이 될 때까지 외우고 또 외우던 대부분 지식은 말 그대로 나쁜 공부를 통해서 억지로 머릿속에 잠시 저장해놓은 쓰레기에 불과하다. 일부는 분리수거를 통해서 재활용의 절차를 거치기도 하지만 나머지는 처치하는데 더 큰 비용이 수반된다. 이게 다 나쁜 공부의 해악이다.

나쁜 공부의 부작용은 직장에서도 즐비하다. 신입사원 연수 현장에 가면 온통 극기훈련에 회사에 충성하라는 강요된 세뇌만이 가득하다. 그래 놓고 '신입사원은 창의적이지 않다.', '아이디어가 별로다.'라고 손가락질을 해댄다.

창의성은 개성을 존중하고, 아끼고, 보호해주는 과정에서 자연스럽게 피어난다. 지금이 그리스·로마 시대도 아니고, 스파르타식 훈련과정에서 무엇인가가 나오기를 기대하는 것은 개천에서 용이 되어 달라는 망상에 불과하다. 그렇다고 머리가 희끗희끗해질 때까지 손 놓고 기다릴 것인가. 그건 아니다. 늦었지만 이제부터라도 좋은 공부를 시작할 시점이다.

그렇다면 무엇이 좋은 공부일까. 머리가 아파서 공부라면 이가 갈린다는 이들은 공부에 대한 나쁜 기억들이 머릿속에 가득 차 있기 때문이다. 그들의 두 손을 꼭 잡고 "그동안 얼마나 힘들었니."라고 위로의 말을 건네줄 수 있는 누군가가 있으면 좋겠다.

하지만 세상은 그리 녹록지 않다. 세상은, 사회는, 끊임없이 자기계발의 중요성을 외친다. 무슨 자기계발? 토익점수에, 평생 써먹지도 못할 자격증 준비에, 골프 타수를 줄이는 자기계발에 여념이 없다는 소리는 집어치우자. 그건 자기계발이 아니라 어설픈 자기도취일 뿐이다.

이제 무엇을 해야 할까. 여기에서 두 가지 갈림길이 튀어나온다. 첫 번째는 돈을 들여서 하는 공부다. 이른바, 대학을 포함한 정규과정에서 주는 학위를 의미한다.

다시 두 가지 선택이 가능하다. 정말 배우고 싶은, 흥미가 있는 공부를 할 것인가. 아니면 내키지는 않지만, 직장에서 필요하니까, 남들이 돈이 되는 학문이라고 하니까, 그것도 아니라면 간판을 따기 위해서 하는 겉치레 공부가 있겠다.

여기에서 고려해야 하는 것은 '학문의 평균수명'이다. 회사를 떠남과 동시에 사라지는 공부라면 냉정하게 다시 생각해볼 필요가 있다. 그럼에도 이를 원한다면 말리지 않는다. 단, 누구보다 열심히 해라. 공부에 제대로 미칠 각오를 하고 수천만 원에 달하는 학비를 내라는 말이다.

적어도 한 과목당 열 권이 넘는 참고도서와 관련 논문들을 독파할 각오가 있어야 비로소 자신의 것이 된다. 대학은 문화센터가 아니다. 팔짱끼고 교수가 떠들어대는 이야기를 들을 생각이라면 공부를 집어치워라. 차라리 자격증을 따는 게 미래를 위해서 나은 일인지도 모른다. 착한 공부는 그런 게 아니다.

다음으로 당장 먹고사는 데 도움이 되지는 않지만, 자신이 원하는 학문을 공부하는 거다. 이른바 인문학을 포함한 문화예술 계통의 공부가 이에 해당한다. 문화예술인으로 먹고사는 삶은 절대 쉽지 않다. 그나마 일반 직장은 입사하기에 상대적으로 수월한 부분이 있다. 어느 정도의 시장수요가 존재한다는 말이다. 비록 계약직일지라도 일자리는 있다.

하지만 문화예술 계통을 포함한 프리랜서의 세계는 차원이 다르다. 말 그대로 자신이라는 존재를 시장에 날 것 그대로 내놓은 상태에서 생계를 해결해야 하는 절체절명의 상황이다. 그럼에도 이쪽 학문을 공부하고 싶어서 미치겠다는 사람이 있다면 이 또한 말릴 이유가 없다.

이왕이면
착하게
공부하자

다음으로 경제적

지출이 수반되지 않는, 주머니가 가벼운 이들을 위한 착한 공부가 있겠다. 비싼 등록금을 바치지 않아도 상관없다. 말도 안 되는 자기자랑만을 일삼는 엉터리 대학강의에 허송세월하지 않아도 된다. 단, 사회에서 원하는 간판을 따기에는 부족함이 있다.

우선 자신의 관심분야를 좁혀 보자. 이것저것 가리지 않는 백화점식 공부는 뜯어말리고 싶다. 어차피 전문가는 지천으로 널려 있다. 그냥 재미로, 좋아서 이것저것 배워보겠다면 모르지만 적어도 5년 이상을 관심분야에 투자할 생각이라면 만물박사식 공부는 별 효과가 없다.

관심분야가 좁혀졌다면 무엇을 해야 할까. 우선 주말에 서점에 방문하자. 이왕이면 대형서점을 권하고 싶다. 술집에 앉아 있으면 술을 마시고 싶듯이, 서점에 가면 책을 읽고 싶기 마련이다. 닥치는 대로 이 책 저 책을 간 보는 거다. 그러다 아 하고 손에 잡히는 책이 있을 것이다. 그대는 이제 오부 능선을 통과했다. 저자를 살펴보고, 목차, 시작하는 글을 읽어 보자. 마음에 든다면 첫 장 정도는 가볍게 읽어 주자. 고른 책을 놓치기 싫다면 방법은 두 가지다.

첫째, 서점 바닥에 걸터앉아서 책을 읽어 치운다. 둘째, 술값을 아끼는 셈 치고 책을 사는 거다. 단, 적어도 두 번 이상 읽을 만한 책을 권한다. 다음 단계는 구매한 책을 속독이라도 좋으니 끝을 보라는 거다. 시시한 부분은 쓱쓱 넘어가도 상관없다.

이렇게 읽고, 읽고, 또 읽다 보면 가지치기가 필요하다. 읽은 책과 관련한 주변 서적을 독파해야 할 차례다. 간단한 정보는 인터넷을 활용하자. 다음에는 관심분야와 소통할 수 있는 이들과 만나는 거다. 둘이 팔짱 끼고 노래방에 가라는 소리가 아니다.

반드시 관심분야의 책에 대해 적어도 삼십 분 이상의 대화에 투자하라는 말이다. 토론과정에서 싸워도 상관없다. 어차피 인생이나 지식이나 변증법을 통해서 성장하는 법이다.

그렇게 쌓이고 쌓인 지식의 골이 커지면 이를 토해내는 과정이 수반되기 마련이다. 이게 바로 글 쓰기다. 글 쓰기에 대한 부분은 〈쓰는 자에게 복이 있나니〉 편에 자세히 나와 있다.

착한 공부에 관한 이야기는 해도 해도 끝이 없다. 왜냐하면, 세상의 어떤 이론도 완벽하지 않고, 세상의 어떤 책도 그 책을 뛰어넘을 만한 또다른 책이 나오기 때문이다. 자, 착한 공부를 시작할 준비가 되었는가. 그렇다면 이제부터 시작이다.

남들이 '저 인간은 공부에 강박증이 있어.'라고 쑥덕거릴 정도로 제대로 미쳐 보자. 잊지 말도록. 나쁜 생각을 하는 자만이 착한 공부를 할 수 있다.

04

식신의
전설

공포영화광이

라면 데이비드 핀처(David Fincher) 감독의 스릴러 영화 〈세븐(Seven)〉을 기억할 것이다. 영화는 연쇄살인범이 인간의 탐욕을 차례로 징벌한다는 묵시론적인 사건들로 가득 차 있다.

영화에서는 인간의 칠거지악이 등장한다. 탐욕, 폭식, 분노, 색욕, 나태, 자만, 질투가 그것이다. 이렇게 7개로 이루어진 악의 요소들을 음미하다 보면 마음 한구석이 뜨끔해진다. 무엇 하나도 자유롭지 못한 자신의 모습이 고스란히 떠오르기 때문이다.

영화에서는 두 명의 형사가 등장한다. 모건 프리먼 그리고 브래드 피트. 영화 후반부에 서서히 정체를 드러내는 연쇄살인범은 이 말을 남긴다.

"엄청난 죄악이 온 거리마다, 가정마다, 뿌리를 내리고 있어. 사람들은 죄악이 흔하다는 이유로 그것을 아무렇지도 않게 행하고들 있지." 먹고 살기도 바쁜 세상에 '죄악'이라니, 이 사람아. 죄를 판단하는 자가 도대체 누구인데. 신, 아니면 법관, 그것도 아니면 당신인가? 이러한 의문이 물 위로 떠오를 것이다.

다시 영화 초반부로 돌아가 보자. 스크린에는 살해된 남성의 너덜너덜해진 시신이 덜컥 등장한다. 죽은 남자의 위벽은 폭식으로 심하게 손상된 상태다. 살인범이 선언한 칠거지악 중 하나라는 폭식의 흔적이다. 생각해 보자. 과연 폭식은 인간의 죄악인가. 남이야 먹거나 말거나. 누구한테 해를 끼치는 것도 아닌데 뭘 어찌하라고. 이런저런 불만이 터져 나올 법도 하다.

악의 기준이 누군가에게 해를 끼치는가 아닌가에 모여지면 판단의 기준은 단순명료해진다. 혼자 분노하든, 나태해지든, 질투하든, 폭식하든 여기까지는 잘못이 아니다. 이런 비폭력적인 7대 악이 인간들이 만든 법의 테두리에 걸리지 않을 만한 범위 내라면 별다른 문제가 없을지도 모른다.

이런 사회적 피해를 잣대로 한 죄악의 판단 기준은 너무나 극단적이다. 중요한 것은 도대체 누가 죄악을 정의할 수 있으며, 이를 징벌하느냐이다. 죄의 추상적 관념성을 단박에 깨버리는 토르의 쇠망치가 존재한다면 인간의 삶은 무척이나 지루할 것이다.

예측 가능한 삶은 권태와 피로를 불러오기 마련이다. 단순해 보이지만 내면으로 들어갈수록 알 수 없는 존재가 사람이고 인생이다. 그 모호함이 문화를 만들고 문명을 남긴다.

과식의
추억을
찾아서

어린 시절부터 남들보다 무척이나 많이 먹었다. 식사량과 비교하면 체형은 남들보다 뚱뚱하지도 마르지도 않은 편이었다. 체형은 표준형이었지만 과식으로 다져진 위장은 또래보다 비대하지 않았나 싶다.

폭식할 때마다 같이 살던 외할머니와 외할아버지가 꼬박꼬박 머리를 쓰다듬어 줬다. 그래서였나. 가족들한테 인정받는 길은 오로지 무조건 많이 먹는 거였다. 딱히 잘하는 게 없다 보니, 식사시간에 한해서 괜찮은 놈으로 가족들에게 인정을 받았다. 고로 칭찬은 먹방을 낳는다.

이러한 과식의 생활화는 초등학교에 진학한 후에 빛을 발한다. 친구 생일 집에 가서 짜장면 빨리 먹기를 하면 늘 최상위권을 고수했다. 이 정도는 약과였다. 중학생 시절에는 명동의 한식집에서 불고기 오 인분에 밥 두 공기를 가볍게 먹어 치웠다.

오죽하면 옆자리에 앉은 노인 부부가 넋을 잃은 채 걸신들린 빡빡머리 중학생을 한참을 쳐다보았을까.

고등학교에 진학하자 학급을 대표하는 식신으로 자리를 잡았다. 더욱 큰 무대에서 실력을 뽐내고 싶은 야망이 숨 쉬고 있었나 보다. 기회는 생각보다 빨리 왔다. 고등학교 3학년 가을이었다. 중국음식 많이 먹기시합 대표선수로 선정된 거다. 네 명의 학급 대표선수들이 비장한 표정으로 중국집 탁자에 마주 앉는다. 시합에서 진 두 명이 네 명의 밥값을 몽땅 내는 것으로 규칙을 정했다.

점심밥을 먹은 지 겨우 세 시간 반 만에 다시 삼 인분 식사를 쓸어 먹기는 쉽지 않다. 하지만 당시는 길바닥에 떨어진 껌딱지라도 삼킬 만한 강철 위장을 뽐내던 고교 시절이었다.

우리 앞에는 부추향이 콧구멍을 찌르는 군만두, 미원 향이 그윽한 짬뽕, 달걀볶음의 온기가 살아 숨 쉬는 볶음밥이 나란히 놓였다. 이 세 가지 음식을 빨리 먹는 두 명이 최후의 승자로 등극할 수 있었다. 물론 짬뽕은 국물까지 말끔히 제거해야 했다. 결과는 영예롭게도 내가 일등이었다.

의기양양하게 터질 듯한 배를 쓰다듬으면서 중국집 문을 나섰다. 여기까지는 나쁘지 않았다. 문제는 자율학습 시간이었다. 아랫배가 살살 아프기 시작하더니 명치가 찢어질 듯한 통증이 몰려왔다. 급체였다. 연속해 이어지는 설사로 너덜너덜해진 항문을 타이르면서 겨우 귀가했다.

"너, 집까지 뛰어서 왔니?" 폭식과 설사로 탈진한 미련한 고3 수험생을 토끼 눈으로 바라보던 불쌍한 어머니. '소자, 이제야 비밀을 털어놓습니다. 그날 공부를 한 게 아니고요. 이틀 치 식사를 하루에 속성으로 마쳤지요. 식신을 식신이라 말하지 못하는 이 현실이 무척이나 괴롭습니다. 어머니.'

식신의 전설은 신입사원 시절에야 비로소 꽃을 피운다. 5분이 멀다 하고 직원을 쥐잡듯이 잡으려 드는 다혈질 상사 덕분에 늘 과식으로 상사 스트레스를 풀었다. 점심밥은 무조건 두 공기. 저녁 또한 마찬가지. 술은 마셨다 하면 맥주로 열 병 정도. 소주는 플러스알파. 밥사마에 술사마로 등극한 나는 회사에서 조금씩 존재가 알려졌다.

선배들이 후배 사원을 말할 때 가장 일반적인 판단 기준은 업무능력이다. '저 녀석은 참 성실해. 저놈은 업무처리가 아주 빨라. 저 사원은 눈치가 백 단이야.' 등등. 그런데 나에 관한 이야기는 이런 영광스러운 유형과는 조금 달랐다.

나에 대한 사람들의 일관된 이야기는 조금 창피하지만, 다음과 같았다.

"저 인간은 말이지. 밥을 엄청나게 많이 먹어."

"네네, 그렇죠. 지난번 회식 때 삼겹살 먹는 걸 보니까 이거 뭐 장난이 아니던데요."

이게 나에 대한 표현의 전부였다. 어쩌면 이럴 수가 있는가.

영원한
식신은
없다

과식중독이 인간

의 육체에 얼마나 독이 되는지 알게 된 것은 나이 서른이 훌쩍 넘어서였다. 특히 저녁 과식은 몸에 독소를 쌓아두는 자살행위라는 의학상식을 포함, 천천히 씹기의 중요성과 음식 자체가 보약이므로 건강식을 해야 한다는 사실을 몸소 깨닫게 되었다.

문제는 깨닫기만 했지 달라진 게 별로 없다는 사실이었다. 그나마 다행이라면 폭식하던 습관이 조금씩 변화를 보이기 시작한 정도였다. 소화기능이 떨어진 건지, 혼자 지내는 시간이 늘어나다 보니 식욕이 떨어진 건지, 그것도 아니면 건강에 대한 학습효과인지, 정확히 알 수 없었다.

3년 전인가 텔레비전 방송에서 한꺼번에 햄버거 36개를 먹는 일본여성을 보았다. 그녀는 일본에서 햄버거를 빨리, 많이 먹는 대회의 우승자였다. 자그마한 체구에 마른 체형의 여자가 도대체 어디로 햄버거를 쓸어 삼키는지 신기했다.

여성의 과식 방법은 간단했다. 빵을 잘게 씹는다. 조각난 햄버거를 그냥 삼킨다. 그렇게 먹고 또 먹다 보면 1등을 알리는 기분 좋은 종소리가 울린다.

세상에 영원한 챔피언은 존재하지 않는다. 영원한 식신 또한 없다. 나 또한 위대한 대한민국의 역사를 스쳐 간 많고 많은 식신 중 한 명이었다. 요즘은 밥 한 공기를 정량이라 여기며 예전보다 몰라보게 쪼그라든 위장에 한 점 부끄럽지 않게 살고 있다. 아직도 많이 먹느냐는, 인간 이봉호가 아닌 위장의 안부를 묻는 이들이 가끔 있다. 그들은 식신의 전설을 기억하는 고마운 이들이다.

05

소주와
이별한
남자

세상에는 다양한
종류의 술이 존재한다. 지금부터 술의 역사에 관한 시시콜콜한 이야기를
하자는 게 아니다. 많고 많은 술에 대해서 대화하자면 일단 마셔 봐야 한
다는 거다. 술이란 오로지 취하기 위해서 들이키기만 해서는 참뜻을 알
수가 없다.

이런저런 술을 맛보고 음미하는 과정이 필요하다는 말이다. 이 과정
을 거쳐야만 뒷맛이 오래가는 술, 첫 목 넘김이 좋은 술, 마시는 동안 입안
가득히 은은한 즐거움이 퍼지는 술을 만날 수 있다.

잠깐. 이번 장은 적당히 술을 즐기는 사람들의 이야기에 해당한다. 그
렇지만 세상의 모든 일을 몸으로 겪어봐야만 아는 법은 아니다. 술을 한

방울도 마시지 않거나, 못 마시면 어떤가. 다음 글을 즐기면서 정신과 마음을 살짝 취하게 내려놓는 것도 나쁘지 않을 듯싶다.

태어나서 처음 마신 술은 하필이면 소주였다. 작은 마당이 있는 장위동 연립주택에서 살던 시절이었다. 토요일 오후면 아버지가 다니던 회사의 손님들이 집에 몰려 왔다. 그날 저녁 밥상 위에는 어김없이 오동통하게 생긴 소주병이 등장했다.

심부름한답시고 음식이 담긴 접시를 부지런히 나르면서 밥과 술을 섭취하는 손님들을 찬찬히 관찰했다. 어떤 아저씨는 순식간에 얼굴색이 가가멜처럼 변했고, 킹콩처럼 목소리가 커지는 아저씨도 있었다. 아니면 묵묵히 소주를 연거푸 들이켜는 과묵한 아저씨도 보였다.

문제는 반주를 겸한 술자리가 파할 무렵이었다. 아저씨들은 약속이나 한 듯이 식사를 마치면 고스톱판을 벌였다. 따라서 남은 음식을 치우는 일은 내 몫이었다. 문제는 소주였다. 병에 반절 가량 남아 있던 소주가 화근이었다.

몰래 슬쩍한 소주를 골방에 틀어박혀 전부 마셔버린 것이었다. 이게 도대체 무슨 썩을 맛인지, 처음에는 코를 틀어막고 쓴 소주를 마셔야 했다. 술에 취한 아저씨들의 변신을 보았던지라 나 또한 그들처럼 변신하지 않을까 하는 호기심이 몰래 음주의 발단이었다. 꾸역꾸역 소주 반병을 다 마시자 현기증이 몰려 왔다.

잠시 후에는 방바닥이 나를 중심으로 서서히 돌아가는 어지럼증이 찾아왔다. 방바닥에 풀썩 주저앉아 보았지만 별무신통이었다.

아아, 그다음은 정말이지 생각하기도 싫다. 숙취에 시달리는 초등학교 2학년생을 상상해 보라. 소주라는 녀석이 이렇게 강한 술 냄새를 발산하는지 알지 못했다. 초등학생 주정뱅이는 장렬하게 골방에서 대자로 뻗은 채로 가족들에게 발견되었다. 술기운이 떨어지기도 진에 외힐머니, 외할아버지를 포함한 식구들이 모인 자리에서 인민재판을 받았다. 보다시피 내게 소주와의 첫 만남은 굴욕의 추억이었다.

마시는
자에게
복이
있나니

다시 소주와 재회한 때는 고등학교 신입생 시절이었다. '남자라면 모름지기 술을 마셔야 한다.'라는 지론을 가진 곽동윤이라는 친구가 있었다. 지금은 일본에 이민 가서 아들 낳고 잘 산다고 하던데, 생각해보니 신주쿠에서 녀석을 만난 지도 십 년이 지났다.

어쨌든, 동윤이와 후암동 시장바닥에서 어묵 국물을 안주로 마신 소주 맛을 지금도 잊지 못한다. 소주 한 병을 둘이 사이좋게 나눠 마셨는데 녀석은 속이 안 좋다면서 부지런히 화장실을 들락거렸다. 그날에야 비로소 내가 술 마시기에 적당한 소화구조를 가진, 이른바 '음주형 인간'임을 깨달았다. 숙취에 고통스러워 하는 동윤이와 달리 술에 대한 흡수력이 나쁘지 않았기 때문이었다.

이후 대학시험에 보기 좋게 떨어지고, 재수한답시고 노량진에 있는 종합학원에 다녔다. 이번에는 학원친구들과 노량진 바닥에 포진한 싸구려 술집들을 전전하면서 소주를 마셨다. 본격적으로 주당의 인생을 시작한 거다. 당시 용돈으로 마실 만한 술은 소주가 최고였다.

가끔 민속주점에서 동동주나 막걸리를 마시기도 했지만, 가격 대비 만족도로는 소주만 한 술이 없었다. 소주는 주머니가 가벼운 재수생들의 벗이자 불확실한 미래에 대한 스트레스를 날려주는 25도짜리 마취제였다.

대학에 들어가면서 술에 대한 선택지가 넓어졌다. 신촌역 오르막길에 있던 주점 '시인의 마을', '김삿갓'에서는 해물파전과 함께 마시는 동동주가 있었고, 호프집에서는 감자튀김, 소시지 야채볶음과 같이 마시는 시원한 생맥주가 나를 반겼다.

하지만 이런 종류의 술은 기껏해야 한 달에 한두 번 마시는 호사스러운 주종에 불과했다. 대학 시절에도 어김없이 소주와의 동맹전선은 깨지지 않는, 민중의 벗이자 길잡이였다.

문제는 직장생활을 하면서부터였다. 회사 술자리의 장점은 내 돈을 안 내고도 1차 술자리 정도는 마음껏 술을 마실 수 있다는 거다. 그런데 그곳에서도 소주는 빠지지 않고 등장하는 단골손님이었다. 신입사원 때에는 선배들의 권유를 거절하지 못해서 3~4병에 달하는 소주를 흡입한 날도 있었다. 콜라 컵에 가득 채운 소주를 연속으로 들이키는 나날도 적지 않았다.

소주
반대론자의
일갈

누군가가 그런 말

을 한 적이 있다. 가장 많이 접하는 음식이 자신이 제일 좋아하는 취향의
음식이라고. 동의하는가. 나는 절대 동의하지 않는다. 소주가 바로 이에
해당한다. 도대체 국민주니 뭐니 하는 소주라는 녀석은 아무리 마시고 들
이켜 봐야 별다른 맛이란 게 없더라.

1980년대 서울을 주름잡았던 진로소주처럼 마시자마자 역한 술기운
이 온몸을 지배하던 소주의 시대는 사라졌다. 이제는 순하디순한 20도 아
래의 소주가 주종이다. 비록 세상이 순화되지는 않았지만, 소주는 연성화
시대가 활짝 열린 것이다. 그렇다고 소주가 특별한 향취가 있는지는 모르
겠다. 뭐 진정한 술꾼은 빈속에 벌컥벌컥 들이켜는 소주를 사랑한다고 하
던데 아직 그 정도의 주당은 아니다.

요즘 술자리에서는 소주와 맥주를 혼합한 폭탄주가 대세다. 난 폭탄
주 반대론자에 속한다. 시원하면서도 쌉싸름한 맥주 고유의 맛을 무시하
고 왜 소주까지 섞어가면서 엉망을 만드느냐는 거다. 소주는 소주의 길이
있고, 맥주는 맥주만의 맛이 존재한다. 소주와 맥주가 결합하는 순간, 술
은 단지 취하기 위한 도구로 추락한다. 사람이든 술이든 간에 존재감을
상실하는 순간, 정체성을 상실하기 마련이다.

따라서 회사를 떠난 술자리에서는 철저하게 소주를 제외한다. 그럼

에도 만나기만 하면 소주를 마셔야겠다고 우기는 술친구들이 있다. 이런 녀석들을 만나면 몇 잔 정도는 예의상 소주를 마셔준다. 그리고는 잽싸게 다른 술을 주문한다. 가끔은 혼자서만 소주를 반복흡입하는 상황에 대해서 피해의식을 가진 녀석도 있지만 개의치 않는다. 다시 말하지만, 술에도 분명히 취향이란 게 있다.

소주에는 정말이지 미안한 일이지만 아직도 소주 맛이 무엇인지 잘 모르겠다. 가격이 저렴하다고 무시한다는 말이 아니다. 적어도 술이라면 무언가 기억에 남을 만한 맛이 있어야 한다.

와인처럼 입안을 지배하는 향기도, 양주의 독하지만, 뒷맛에서 보여주는 향취도, 막걸리의 묵직한 잔여감도, 사케의 아기자기한 목 넘김의 즐거움도, 소주에서는 찾을 수가 없다. 나는 자신 있게 말한다. 국민주고 뭐고 간에 소주가 싫다고, 웬만하면 소주를 마시지 않는 이들과 술자리를 하고 싶다고 말이다.

06

세상에서
가장
멋진
소리

재수생 시절, 친하게 지내던 형님이 한 분 계셨다. 기안이 형이라고, 마산이 고향이던 분이었는데 이 양반 역시 엄청난 음악광이었다. 학원 옥상에 올라가면 담배를 멀리한답시고 나무젓가락에 담배를 끼워 피던 재미있는 양반이었다. 연락이 끊어진 지 벌써 이십 년 가까운 세월이 흘렀다.

당시 기안이 형은 삼수생이었다. 기억으로는 형이 공부하는 것을 별로 본 적이 없다. 늘 쉬는 시간에 복도나 옥상에서 맛있게 줄담배를 피우고, 수업을 마치면 노량진 근처의 음악다방에서 록음악을 듣기 위해 면벽수행에 들어간 모습이 자주 눈에 띄곤 했다.

대학입시를 마치고 마지막으로 종합반에 모였을 때, 형이 내 주소를 슬쩍 물어보았다. 서울에 오면 잊지 않고 연락하겠다는 형의 전언이었다. 그렇게 우리는 편지로 안부와 음악을 주고받는 고전적인 우정의 형태를 취하는 관계가 되었다. 새로운 음악이 발견되면 깨알같이 리스트를 적어서 마산행 편지를 쓰고는 했다. 그러다 보니, 형으로부터 받은 편지뭉치가 전문음악 서적 한 권이 족히 되고도 남을 만한 분량이 되었다.

마산에
가면
기안이
형을
찾으세요

형은 편지로 이런 말을 했다. 좋은 음악을 찾아서 노력하지만 역시 최고의 음악은 자연의 소리가 아닌가 싶다고. 얼핏 보기에는 그럴싸한 주장이었다. 하긴 새소리, 물소리를 음반으로 제작하는 일이 있기는 하다.

등산하다 보면 자연의 소리를 차단한 채로 귀에 이어폰을 끼고 이동하는 사람들이 늘 이상해 보였다. 반대로 음악이라면 장르를 불문하고 진저리를 치는 사람 또한 여럿 보았다. 모름지기 취향은 각자의 자유다. 인정한다. 하지만 좋은 소리를 접할 기회 자체를 스스로 차단하는 우를 범하지는 않았으면 하는 게 내 생각이다.

자연의 소리가 존재한다면 그 건너편에 인간이 만들어내는 음악이라는 소리가 존재한다. 자연의 소리에는 나름의 맛이 있다. 음악 또한 매일 섭취해야 하는 삶의 자양분이라는데 격하게 공감한다.

그렇다면 음악에는 어떤 소리가 존재할까. 크게 아날로그와 디지털로 구분할 수 있다. 요즘이야 대다수가 인터넷 매체로 음원을 내려받고, 유튜브를 통해서 영상과 음악을 동시에 즐기는 일이 허다하다. 그런 측면에서 본다면 나는 무지하게 행복한 386세대였다.

이는 1980년대 경제부흥의 혜택과 동시에 정치적으로는 독재정권의 울타리 속에서 성장했던, 이도 저도 아닌 세대를 의미한다. 말하고자 하는 것은 정치 담론이 아닌, 음악에 대한 소소한 이야기다.

이
소리를
아십니까

30대 중반까지 고집스럽게 LP 위주로 음악을 들었다. 20대 초반 무렵부터 서서히 CD 붐이 일어났지만 오로지 LP가 최고의 음원이라는 종교에 가까운 믿음으로 살았다. 그렇게 애지중지 모은 LP를 만지작거리면서 추억을 떠올리고, 아날로그의 따스한 울림에 무한 감동을 하고, 미술작품에 버금가는 음반 디자인을 즐기는 삶을 사랑했다.

그렇지만 나 또한 독불장군이 아니었다. 한 장에 76분에 달하는 용량을 자랑하는 CD의 편리성에 무릎을 꿇은 것이었다. 한결같지 못한 자신이 한심해 보이기도 하고, 실망스럽기도 했지만, 어쩔 수 없었다. 게다가 아무리 보관에 신경을 써도 음반에 먼지가 슬쩍 달라붙으면 카트리지 바늘이 튀는 일이 끊이지 않는 LP의 고질적인 문제점이 나를 괴롭혔다. 먼지를 제거하기 위해서는 침을 살짝 바른 손톱을 쓰는 게 최고다. 티끌만 하게 붙은 먼지를 찾기 위해서 조명등 아래에서 30여 분간 씨름하다 보면 문제가 해결되기도 한다.

하지만 먼지를 제거하려다 음반에 흠집이 나면 2차로 사운드에서 문제가 생긴다. 바늘이 흠집 부위를 지날 때마다 틱 하는 잡음소리를 감수해야 한다는 거다. 게다가 20분이 멀다 하고 LP 음반을 뒤집는 일 또한 쉽지 않다. 연주시간이 무려 90여 분에 달하는 교향곡의 경우, LP를 네 번 뒤집어야 제대로 감상이 가능한 경우도 있다.

이런 이유 말고도 턴테이블 관리문제 등 LP로 음악을 감상하는데 따르는 고충은 한둘이 아니다. 그래도 LP는 음질 면에서 타의 추종을 허락하지 않는다. 아무리 시대가 변하고, 편리성이 최고의 가치라고 떠들어대도 아닌 건 아닌 거다. 한옥의 고전적인 아름다움 앞에서 한옥생활의 불편함을 외칠 수 있을까.

편리함이 모든 가치에 우선할 때, 사회는 삭막해지고 각박해진다. 사람들이 어느 정도의 불편함을 감수할 때야 비로소 진정한 문화예술의 아름다움과 만날 수 있다.

된장찌개가 끓는 듯한 구수한 소리와 함께 마일스 데이비스 퀸텟 (Miles Davis Quintet)의 연주곡 〈저스트 스퀴즈 미(Just Squeeze Me)〉를 LP로 듣는 즐거움은 무엇과도 비교할 수 없다. 그 옆에 가격 대비 맛이 뛰어난 프랑스산 레드와인이 있어 준다면 금상첨화이고. 나는 세상에서 가장 멋진 소리, 즉 LP의 아늑한 소리에 심취했던 1990년대를 기억한다.

07

은어
낚시
통신

요즘이야 스마트 폰만 쥐고 있으면 24시간 즐길 수 있는 놀거리와 볼거리, 읽을거리가 해결된다. 하지만 1990년대만 해도 사정이 달랐다. 당시에는 휴대폰 대신 삐삐라고 불리는 성냥갑만 한 플라스틱 통신기구를 허리춤에 차고 다니는 게 유행이었다.

이메일 또한 1990년도 후반에 들어서야 대중들이 사용하기 시작했다. 전자상거래 역시 마찬가지다. 이쯤에서 1994년을 떠올려 본다. 아날로그 시대가 끝나고 디지털 시대가 서서히 문을 열었던 양은냄비 같던 시대가 1994년이 아닌가 싶다.

소개하는 제목 '은어낚시통신'은 소설의 제목이다. 이 단편소설의 주인공은 윤대녕이라는 작가다. 소설 『은어낚시통신』은 1994년에 세상에 나온다. 윤 작가는 말 그대로 '응답하라 1994'의 등장인물인 은어와 낚시, 통신이라는 신구세대를 절묘하게 묶어서 소설의 제목으로 삼았다. 그렇다고 윤대녕이 첨단기술이라면 정신을 못 차리는 얼리어댑터형 작가는 아니다. 그는 전자기기 대신 미문을 자유자재로 구사하는 작가군에 속한다.

윤대녕 작가의 책을 빠짐없이 읽었다. 그는 지금까지 20권이 훌쩍 넘는 만만치 않은 분량의 저술을 했다. 작가들은 흔히 두 가지 방식으로 글을 쓴다. 한 쪽은 서사로 작품을 끌어가는 경우이다. 박성원, 성석제, 이기호, 김언수, 천명관 등의 작가가 이에 속한다. 다른 한 쪽은 서사가 아닌 문장력으로 진검승부를 거는 경우다. 김승옥, 이인성, 최인훈, 오정희, 박상륭, 전경린 등이 이에 해당한다. 윤대녕의 글 쓰기는 후자에 해당한다.

전작주의자의 사생활

광적인 수집가들에게는 전작주의라는 행위가 존재한다. 특정 예술가에 꽂히면 그 사람의 모든 작품을 섭렵하는 몰입형 인간을 전작주의자라고 칭한다. 나 또한 예외가 아닌지라 지금까지 수많은 작가와 음악가의 작품을 모았다. 자연스럽게 윤대녕 작가의 책도 초기부터 최근 작품까지 빠짐없이 소장하고 있다. 한 저자의 모든 책을 읽는다는 것. 이는 한 사람의 인생을 통째로 흡수하는 매력적인 통과의례다. 일주일이든 한 달이든 간에 전작주의자는 자신이 좋아하는 예술가의 모든 것을 빠짐없이 흡수한다.

윤대녕 작가는 현역병 시절에 미문을 창작하는 기초체력을 배양했다. 그가 군대라는 폐쇄적인 환경에서 창작력을 불태우는 방법은 다름 아닌 '외우기'였다. 3년이라는 시간 동안 무려 500여 권에 달하는 시집을 체화시킨 것이었다. 모름지기 시는 감각이요, 소설은 노력의 산물이다. 시가 천재들의 놀이터라면, 소설은 엉덩이가 무거운 자들의 일터다. 시가 느낌의 결정체라면, 소설은 이를 구조화하는 커다란 조립대다.

윤대녕 작가의 글을 살펴보면 늘 비슷한 서사구조가 등장한다. 남녀가 우연히 만나서 선문답을 주고받고, 또 헤어진다. 그 헤어짐은 일시적일 수도 있고, 재회의 가능성을 내포하기도 한다.

그의 작품에서 등장하는 모든 만남은 '시원으로의 회귀'를 전제로 한다. 사람은 사라지지만 자아는 늘 누군가를 찾아서 부유하는 동시에 존재감을 내려놓지 않는다.

'그러나 그 존재의 시원, 말하자면 내가 원래 있어야만 하는 장소로 돌아가기까지 나는 더욱 많은 낮과 밤을 필요로 해야 했다. 긴 흐느낌의 시간이 흐른 뒤, 나는 가까스로 그녀에게 다가가 살아 있는 자의 온기라곤 느껴지지 않는 그녀의 차디찬 손을 완강하게 거머쥐었다. 아침이 오기까지 나는 그녀의 손을 잡고 내가 살아온 서른 해를 가만가만 벗어던지면

서, 내가 원래 존재했던 장소로, 지느러미를 끌고 천천히 거슬러 올라가고 있었다.'

문제작 『은어낚시통신』의 마지막 부분이다. 소설에 나오는 '존재의 시원'이라는 문구는 윤대녕 소설을 상징하는 이정표가 되었다. 그가 갈망하고 그리워하는 모든 것에는 문화라는 상징물이 약속처럼 등장한다.

우리는 윤대녕 소설 속에 숨어 있는 수많은 문화코드와 마주해야 한다. 빛나는 문장의 향연과 문화코드와의 만남, 이것이 윤대녕표 소설의 매력이자 생명력이다.

걸어가는
자아의
초상

문제작 『은어낚시통신』에 등장하는 다음의 인물들을 살펴보자. 빌리 홀리데이(재즈 싱어), 아르눌프 라이너(현대화가), 에드워드 커티스(사진작가), 폴 엘뤼아르(초현실주의 시인), 짐 자무시(영화감독), 마이크 올드필드(진보음악가), 롤랑 바르트(프랑스 학자), 모니카 바티(영화배우). 이 정도면 웬만한 대중문화 애호가도 쉽게 고개를 끄덕거릴 만한 인물들이 아니다.

윤대녕은 소설에서 이들을 '은어낚시모임'이라는 동호회의 메뉴라고 설명한다. 이 동호회에는 무명배우, 잡지사 기자, 대학강사, 화가, 건축가,

수련의, 언더그라운드 가수, 시인이라는 문화인물들이 구성원이다. 작가는 이들의 성격을 삶에 뿌리박지 못하는 사람들, 두 겹의 삶을 사는 사람들, 지하에다 다른 삶의 마을을 세운 사람들이라고 칭한다.

다음으로 소설에서 등장하는 장소다. 지금은 사라진 충무로의 극장들, 세종문화회관, 홍익대학교 카페거리, 동아일보 신사옥, 코리아나호텔, 광화문사거리 등은 현대 한국사회를 상징하는 문화의 잣대이자 소통의 현장이다.

마지막으로 작가 자신의 모습을 투영한 소설 속의 주인공에 대한 묘사다. 소설에서 등장하는 여주인공은 남자주인공을 사막에서 사는 사람, 상처에 중독된 사람, 무서운 사람이라고 표현한다. 현대문명사회에서 단골손님으로 등장하는 단절에 익숙해진 도시인의 모습 그 자체다. 작가는 도시 속에서 잃어버린 자아를 찾는 구도자의 과정을 존재의 시원이라는 표현으로 대체하고 있다.

윤대녕의 소설은 서사구조에 무게를 두지 않는다. 그의 작품 속에서는 늘 만남과 헤어짐이 이어진다. 만남도, 헤어짐도, 모두 저 멀리 숨 쉬고 있는 자아의 변형된 모습일 뿐이다.

작가는 이미 자신의 머릿속에 자리 잡고 있는 우연과 필연의 과정을 수려한 문장으로 대체한다. 단 한 줄의 빛나는 문장. 윤대녕의 글은 칠흑 같은 어둠 속에서도 은은한 빛을 잃지 않는 반딧불이와 같다. 그의 여리고 섬세한 손끝에서 깃털같이 작은 희망을 본다.

08

황혼에서
새벽까지

〈황혼에서 새벽까지〉는 영화의 제목이다. 이 영화를 본 게 언제더라. 아마 1990년대 후반인 듯싶다. 영화의 백미는 술집에서 흡혈귀로 돌변하는 사람들이었는데, 예상치 못한 반전에 적지 않는 충격을 받았던 기억이 새롭다.

영화는 나름의 재미가 있었다. 문제는 2015년 3월 3일 저녁 8시까지 이 작품의 감독이 로버트 로드리게스(Robert Rodriguez)가 아닌 쿠엔틴 타란티노(Quentin Tarantino)라고 알고 있었다는 거다.

그렇다면 2015년 3월 3일 저녁에 무슨 일이 있었던 걸까. 영화에서처럼 커다란 술집에서 큼직한 십자가를 움켜쥐고 흡혈귀들과 사투가 벌어지지는 않았다. 그날 신촌의 H 백화점 강연장에서 김영하 작가의 강의를 듣고 있었다.

강의 주제는 '우리는 모두 예술가로 태어났다.'였다. 군침이 도는 제목이었다. 작가의 말에 의하면 백화점 측에서 미리 정해준 제목이라고 하더라. 그래서인지 강의 초반부터 김이 좀 빠졌고, 강의에 집중이 잘되지 않았다. 하지만 시간이 흐를수록 생각이 달라졌다.

작가는 재미난 에피소드를 끌어들여 참석자들의 오감을 살살 자극하는 강의력이 있었다. 애초에 김 작가의 모든 소설, 에세이, 여행기를 읽었기에 오래된 술친구와 조근조근 대화를 나누는 기분으로 강의를 끝까지 들을 수 있었다.

그들은
모두가
예술가다

우리는 모두 예술가로 태어난다. 무척 흥미로운 주제다. 예술가는 태어나는 것인가, 만들어지는 것인가. 강의 제목을 곱씹으면서 맹자의 성선설이 떠올랐다. 문자 그대로 해석하자면 '인간은 착하게 태어났지만 살다 보니 뭐 그렇지 않더라.'라는 소리처럼 해석된다. 맹자 선생님의 이론에 동의하는가.

나는 사람이란 착하지도, 나쁘지도 않은, 그냥 이것도 저것도 아닌 존재라고 생각한다. 착하다는 기준도 주관적인 견해이며, 나쁘다는 기준 또한 마찬가지다.

예를 하나 들어볼까. 안중근 의사는 우리나라에서 애국자로 대접받지만, 일본에서는 테러범에 지나지 않는다. 분하고 억울하지만 사실이다. 땅콩회항사건의 피해자는 사무장이지만, 항공사 회장 일가에서는 이를 반대로 받아들일 수 있다.

불편한 진실이지만 사실이다. 권투선수 김득구는 미국에서 15라운드 시합을 펼치다 챔피언의 주먹에 맞아 죽었다. 레이 붐붐 맨시니라는 챔피언은 김득구를 때려죽였지만, 그의 행동은 사각의 링 위에서 이루어졌다. 따라서 김득구의 죽음은 살인행위가 아니다.

맞는가. 인정하고 싶지 않지만, 미국법에서는 맨시니를 살인자로 단죄하지 않았다. 이 또한 살인의 두 가지 얼굴이다. 우리는 늘 모호한 상황에서 자신의 정체성을 아무렇지 않게 뒤집고는 한다. 그게 인간이다.

다시 예술가로 돌아가 보자, 김영하 작가는 21세기는 바야흐로 예술의 시대라고 단언한다. 그는 영리한 예술가, 전면전보다는 게릴라전 형태의 예술가로 사는 삶을 살라고 부추긴다.

왜냐, 전업예술가로 산다는 것은 바늘구멍보다 몇 배나 좁은 선택지이기 때문이다. 김영하 작가 정도라면 먹고살기 바쁜 신출내기 작가들에게는 부러움의 대상이다. 그는 명실공히 한국문학계를 이끌어가는 중견 전업작가다. 자신이 원하는 일을 평생직업으로 삼고 있는 선택받은 작가라는 말이다. 여기까지가 바깥에서 바라보는 김영하 작가의 모습이다.

하지만 김영하는 예술이 돈벌이가 될 때, 어쩔 수 없이 감수해야 하는 고충을 토로한다. 예술이 삶을 힘들게 한다는 게 토로의 핵심이다. 조금 더 자세히 말해볼까. 김영하는 한 가지 직업으로 평생을 사는 시대는 다시 오지 않는다고 말한다. 우리는 유목민처럼 이런저런 직업과 직업 사이를 부유해야 한다는 거다. 옳소. 그는 예술가적 삶에 대한 인간들의 갈망은 사라지지 않을 것이라고 주장한다. 다시 옳소. 그는 예술가로 사는 삶과 직업인으로 사는 삶 두 가지를 동시에 병행하는 방식을 추천한다. 이 부분에 대해서는 세모. 믿거나 말거나 나는 다시 태어나면 길바닥에서 굶어 죽는 한이 있더라도 전업예술가를 할 거니까.

자신의 논리에 못을 박고 싶었을까. 김영하는 잘 먹고 잘 사는 나라로 포장된 미국의 사례를 들려준다. 이곳에서 예술대학을 졸업 후 예술과 관련한 직업을 유지하는 기간이 고작해야 3~4년에 불과하다고 말한다. 이 정도로는 부족했나 보다. 그는 작가의 평균수명이 직업인 중에서 최하위권이라는 우울한 통계수치까지 들이댄다.

김영하
작가는
이렇게
말했다

이 와중에 영화 이야기가 슬며시 튀어나온다. 왜 김영하가 영화 이야기를 예로 들었는지는 기억이 나지 않는다. 그는 로버트 로드리게스(Robert Rodriguez) 감독의 영화 〈황혼에서 새벽까지〉를 이야기했다.

'그래그래. 한 시간을 쉬지 않고 강의했으니 집중력이 떨어질 만도 하지. 하지만 말입니다. 그 영화의 감독은 쿠엔틴 타란티노죠. 작가님이 잘못 알고 계시네요.' 내심 썩소를 날리면서 앉아 있는데 마음 한 곳이 멍멍해졌다. '이거다.'라는 생각에서 '어쩌면?'이라는 생각으로 순간이동을 하는 중이었다. 슬쩍 휴대폰을 꺼내서 감독이 누군지 확인해보았다. 어럽쇼. 뭐야, '로드리게스'가 맞네. 이를 어쩐다. 아유 이를 어째. 내가 영화감독 이름 하나 가지고 강의 도중 불안감에 빠진 이유는 따로 있었다. 2015년 2월에 출간한, 첫 번째 책 『제9요일』 9페이지 중간에 나오는 구절 때문이었다. 내용인즉 이러하다.

"(중략) 주인공이 독일행 배에 탑승하는 부분부터는 허구적인 요소를 가미해 보았다. 좀비가 등장하는 장면을 읽으면서 영화 〈황혼에서 새벽까지〉를 상상한다면 그대는 영화광일지도 모른다. 이 영화의 감독이 영화 〈킬 빌〉 시리즈로 알려진 쿠엔틴 타란티노임을 기억한다면 그대는 진정한 영화광이다."

이 시점에서 책을 구매한 독자들에게 심심한 사과를 올린다. 재판 시 감독이름을 '로버트 로드리게스'로 바꾸도록 하겠다. 혹시 이 글을 읽고 있다면 부디 격노하는 일이 없기를 바랄 뿐이다.

영화 〈황혼에서 새벽까지〉 사건의 충격파가 살살 가라앉을 즈음, 강의가 끝났다. 이어지는 작가와의 질의응답 시간. 나는 힘차게 일 번 타자로 질문을 날렸다. "왜 한예종 문예창작 교수 자리를 중간에 포기했는지 이유가 궁금하네요." 이렇게 김영하에게 물었다. 그때가 원고료를 제일 많이 준다는 어떤 일간지에 장편소설 『퀴즈쇼』를 연재할 시절이었는데, 혹시 그게 이유가 아닌지도 추가로 물었다.

나를 찬찬히 쳐다보던 김 작가는 이렇게 말했다. 그는 비교적 우회적인 답변방식을 택했다. 사실 대학이라는 권위적인 공간이 숨이 막혔던 거라고. 점수로 학생들의 창작물을 평가하는 행위 자체에 자신을 이해시키지 못했던 거라고. 더 큰 자유와 창작의 세계로 회귀하기 위해서 안정적인 직장을 내려놓은 거라고. 예술가는 늘 새로움을 추구해야 하는 존재라고. 마지막으로 자신을 자유롭게 놓아두는 사람만이 진정한 예술가로 거듭날 수 있다는 사실에 충실해지고 싶었다고.

마음 한구석이 가득 차오르는 기분으로 강연장을 나왔다. 그의 보헤미안 정신이 한없이 부러웠다. 안정적인 생활을 버려야 한다는, 예술가적인 삶을 몸소 실천하는 그가 다시 보였다. 비록 불안정한 작가의 삶을 선택했지만, 대중들에게 인정받는 작가로 자리 잡은 그가 다시 부러웠다. 나는 쫓기듯 강의장을 빠져나왔다. 김영하 작가가 대학 시절을 보냈던 신촌 거리는 3월 초 치고는 나름 훈훈한 온기가 흘렀다. 아마도 강의장에서 느낀, 김영하 작가와의 동지의식 때문이 아니었나 싶다. 뭐 평균수명이 좀 짧다면 어떤가. 나도 이젠 작가인걸.

09

웃으면서
끝까지
함께

서른 살 무렵까지
조선 · 중앙 · 동아일보(이하 조중동)의 우산 아래에서 생존했다. 학생
시절, 아침에 일어나면 마루에서 조간신문을 읽는 아버지를 향해 건성
으로 인사를 건네는 게 하루의 시작이었다.

아버지가 신문을 다 읽고 나야만 내 차례가 왔다. 당시는 신문의 문화
면을 가장 먼저 읽었다. 조중동 덕분일까. 문화란 그저 미술, 음악, 영화 등
의 콘텐츠에 불과하다고 알았던 시절이었다. 그런 내게 변화를 준 존재가
있었으니, 이는 미술경영을 가르치던 교수님과 책이었다.

교수님은 영국에서 경영학과 문화예술경영학을 전공한 인물이었다.
사실 경영학과 문화예술은 물과 기름과도 같은 사이다. 미국식 계량경영

학을 철저하게 숭배하는 한국의 경우, 경영학이란 곧 신자유주의 체제에 대한 맹신을 의미한다. 다 필요 없고 그냥 돈이면 만사 끝이라는 의미다.

신자유주의는 잘 사는 나라와 못 사는 나라 간의 빈부격차가 시간이 흐를수록 비대해지는 부작용을 양산한다. 비극은 여기서 그치지 않는다. 국가 간 빈부격차의 배경에는 다국적 기업과 금융자본주의가 날카로운 발톱을 숨기고 있다.

국력이 약한 국가의 국민은 좋든 싫든 간에 다국적 기업의 노예가 될 수밖에 없다. 국가 간의 빈부격차는 곧 국민 간의 빈부격차 심화로 전이된다.

교수님은 경영학을 전공한 인물답지 않게 인문학적인 가치의 중요성을 망각하지 않는 인물이었다. 마흔 즈음에 대학원에서 그를 처음 만났다. 직장에 다니면서 문화예술경영학을 공부하던, 나름 치열했던 시절이었다. 주입식 강의에 진력을 느끼던 내가 자유로운 대화식 수업을 진행하던 교수님과 가까워지는 것은 시간문제였다.

교수님과 수년간 이어진 술자리를 통해서 다양한 지식과 지혜를 전수받았다. 자신을 스스로 '바람 같은 존재'라고 말하던 교수님을 통해서 새롭게 세상을 구조화하고 또 해체하는 방법을 배웠음은 물론이다.

길은
걷는
자의

것이다

다음으로 나의 세
계관을 바꾸어준 고마운 존재가 바로 책이었다. 대학원 시절 읽었던 책
이 뭐냐면, 한겨레출판에서 연작으로 나왔던 '인터뷰 특강' 시리즈였다.
『21세기를 바꾸는 교양』, 『21세기를 바꾸는 상상력』, 『21세기에는 바꿔
야 할 거짓말』, 『21세기에는 지켜야 할 자존심』, 『배신』, 『화』, 『1등만 기억
하는 더러운 세상』, 『내가 걸은 만큼만 내 인생이다』, 『길은 걷는 자의 것
이다』, 『새로 고침』에 이르기까지 10년간 쉬지 않고 달려온 문화인사들의
대중특강을 연작으로 출판한 것이었다.

책에서 등장하는 인사들 목록 또한 대단하다. 홍세화, 조국, 김여
진, 한홍구, 강풀, 진중권, 정재승, 김어준, 박노자, 심상정, 한비야, 이윤
기, 정혜신, 공지영, 김규항, 노회찬, 마쓰모토 하지메 등 문화 전반을
아우르는 인물들의 뜨거운 내공들이 인문학 특강이라는 이름으로 뭉
쳤다. 나는 그들의 피 끓는 열정과 사회정의를 위한 헌신과 인간에 대
한 사랑을 심장으로 배울 수 있었다.

나를 변화시킨 책을 꼽으라면 정말이지 수없이 많다. 고등학교 시
절에는 헤르만 헤세의 『데미안』을 통해서 자아를 탐색하는 방식을 배
웠고, 이문열의 『사람의 아들』을 읽고 인간과 신의 유한성을 깨달았으
며, 지두 크리슈나무르티의 『자유로부터의 혁명』에서 말하는 탈계급적
가치관에 동화되었다.

그로부터 20년이 흘렀다. 이후 자신을 새롭게 태어나게 해준 고마

운 책이 앞에서 언급한 '인터뷰 특강' 시리즈였다. 그리고 아홉 번째 인터뷰 특강에서 만난 노동운동가 김진숙을 빼놓을 수 없다. 그녀의 약력은 보다시피 단출하다.

한진중공업의 전신 대한조선공사에서 한국 최초의 용접사로 입사. 노동조합 활동으로 5년 만에 해고. 그 뒤 20년을 해고자이자 노동운동가로 활동. 2011년 한진중공업 정리해고의 부당함을 알리려고 309일 동안 크레인에 올랐다. 저서로 『소금꽃나무』가 있다.

김진숙과의 첫 만남은 한겨레신문을 통해서였다. 그곳에는 크레인 농성과 희망버스 운동의 실체가 반듯하게 인쇄되어 있었다. 무식하고 창피한 이야기지만 당시만 해도 크레인 농성이라고 해봐야 밤에는 쉬고 낮에는 선비처럼 책이나 읽는 생활이겠지, 라는 냉소적인 시각이 있었다. 내 앞에 놓인 삶만 생각해도 숨이 막히는 일상이지 않으냐는 변변치 않은 이유가 내 마음과 눈을 멀게 했던 게 아닌가 싶다.

책 『길은 걷는 자의 것이다』에 등장하는 김진숙의 크레인 농성을 말할 차례다. 머리말에서 이제훈은 그녀를 한국의 '철의 여인'이라고 소개한다. 부디 대처총리를 떠올리지는 말아주었으면 좋겠다. 레이거노믹스의 신봉자이자 영국 노동조합을 무너뜨린 대처총리와는 반대편에 서 있는 인물이 바로 김진숙이다.

그녀는 영하 13도의 날씨에 죽음을 각오하고 크레인에 오른다. 그녀는 2003년 정리해고에 맞서 크레인에 올라 129일간 외로운 농성을 지속하다 스스로 목숨을 끊어버린 김주익 열사를 생각하면서 24시간 내내 흔들리는 차가운 크레인을 선택했다고 토로한다. 김주익은 도르래를 달아서 밥을 옮기는 밧줄에 목을 매었다. 129일이라는 누구도 주목하지 않는 시간을 죽음과 바꾼 비극이었다.

작은
기적의
나날들

그녀는 900만 계약직 노동자를 위해서 크레인 농성이라는 삶과 죽음의 중간지를 선택한다. 김진숙은 농성과정에서 죽을 수도 있다는 각오로 사전 신변정리를 마무리한다. 새벽 3시에 20미터가 넘는 크레인에 홀로 오르는 50대 초반의 여성을 상상해 보라. 이미 회사의 노동조합은 어용화(御用化)되어 조합원 전부를 퇴직으로 내몰고 있던 시점이었다.

그녀의 외로운 투쟁이 150일을 넘을 즈음, 기적 같은 일이 발생한다. 생각지도 못하던 지원부대가 나타난 거다. 배우 김여진이 이끄는 속칭 '날라리 외부세력'이 농성장으로 도착한 사건이었다. 그들은 그로기 상태에 빠진 김진숙을 위해서 흩어진 조합원들을 불러 모으고, 음식을 만들면서 김진숙을 응원하고, 마지막 그날까지 운동에 동참한다.

작은 기적의 날들은 멈추지 않는다. 서울, 인천, 광주, 전주에서 사람들이 모이기 시작한 것이다. 김진숙은 크레인 위에서 독학으로 트위터를 배운다. 그녀는 사이버 세상에서 전 세계의 민중들과 소통하는 법을 깨우친다.

어느 날, 트위터를 통해서 알게 된 핀란드의 대학교수가 불쑥 농성장을 방문한다. 크레인 농성의 대가로 회사에서는 김진숙에게 하루당 100만 원의 벌금을 청구한다. 이에 김진숙은 트위터를 통해서 '저는 하루 백만 원짜리 호텔에서 살고 있습니다.'라고 표현한다. 그녀를 응원하기 위해서 핀란드인이 농성장에 방문한 사건이었다.

크레인 위에서 용역이 뱉은 침 섞인 물을 마시고, 건강악화와 피부병에 시달리는 김진숙. 공권력 투입설이 나오자 기자들이 트위터를 통해서 김진숙에게 질문했다. "어떻게 하실 겁니까?" 그녀가 대답했다.

"뛰어내리겠습니다.". 사수대의 지원으로 김진숙은 다시 목숨을 건진다. 그리고 희망버스가 나타난다. 매일 같이 밀려드는 버스 속에는 종교인, 운동권, 주부, 학생 등 김진숙을 만나려는 이들이 넘쳐났다.

그들은 크레인 아래에서 기도와 절, 눈물과 사랑을 김진숙에게 날려 보낸다. 농성장에서 마음이 통한 어떤 남녀는 크레인 앞에서 언약식을 올린다. 회사의 사주를 받은 용역업자들은 크레인 아래에서 반지 교환을 하는 남녀를 축하해주기 위해 기념사진을 촬영해준다.

그제야 김진숙은 반드시 살아남아서 이름도 모르는 그들을 만나야겠다고 결심한다. 1차 희망버스가 오고 나서 2차에는 무려 12,000명이 농성장을 방문한다. 그리고 3차에는 15,000명이 희망버스에 탑승한다. 그녀는 인터뷰에서 마지막으로 자신을 살아서 내려오게 해주시고, 구조조정의 공포에 시달리던 조합원들을 1년여 만에 귀가하게 해준 수많은 지지자에게 고맙다고, 건강하게 다시 그들을 만나겠다고 말한다. 끝으로 그녀는 웃으면서 싸워야 함께 싸우고, 함께 싸워야만 끝까지 싸울 수 있다는 말을 청중들에게 전한다.

이제 그녀의 관절은 심하게 변형되어 있다. 누우면 머리와 발끝이 닿는 차가운 크레인 무쇠 바닥이 싫어서 309일간 심하게 몸을 웅크리고 앉아 있다가 얻은 투쟁의 훈장이다. 김진숙은 지금도 일과 삶과 꿈이 어긋나지 않는 세상을 바라본다. 나는 그녀를 이 시대의 진정한 문화중독자라고 부르고 싶다.

10

여기는
음악카페입니다

예나 지금이나 술안
주로는 음악이 최고다. 적당히 취기가 오른 상태에서 물안개처럼 흘러나
오는 아트 가펑클(Art Garfunkel)의 미성은 초강력 마취제다. 늘 음악에 미쳐
있다 보니, 술집을 가도 신청곡을 척척 틀어주는 음악카페를 선호한다.

처음 가본 음악카페는 용산역 근방에 있던 곳이었다. 고등학교 졸업
을 앞둔 겨울이었다. 동창생 중에 유난히 말수가 적은 친구가 있었다. 그
는 1학년 때 짝꿍이었는데 2학년에 올라가면서 한동안 만나지를 못했다.
그 친구나 나나 먼저 사람을 찾는 성격이 아니다 보니 시야에서 멀어져
연락도 뜸해질 수밖에 없었다.

친구는 집안 문제로 심하게 방황한다는 소문이 들려오고는 했다. 학

년이 바뀌면서 나는 문과동 건물로, 녀석은 이과동 건물에 짐을 꾸려야 했다. 건물 하나 사이였는데도 우리는 마치 다른 나라에서 사는 듯한 소원한 관계로 흘러갔다.

그를 다시 만난 곳은 가을바람이 차갑던 토요일 오후, 학교 교정에서였다. 벤치에 앉아 한참을 허공을 바라보던 녀석은 뜬금없이 목이 컬컬하다고 중얼거렸다. 마침 용돈도 조금 있겠다, 공부도 하기 싫겠다, 가을이라 그런지 마음도 싱숭생숭했기에 흔쾌히 좋다고 신호했다.

첫 번째 술집은 이화여대 부근의 막걸릿집이었다. 메뉴판에는 '라면 400원'이라고 적혀 있었다. 주머니가 가벼운 우리는 라면을 안주로 삼아 막걸리 두 통을 사이 좋게 나눠 마셨다. 신촌거리는 전경들이 발사한 희뿌연 최루탄 연기로 가득했다. 우리는 콧물과 눈물로 범벅된 채로 용산행 143번 버스를 기다렸다.

다음으로 간 곳은 뮤직박스에서 가요 LP를 틀어주던 일종의 음악다방이었다. 친구는 심수봉의 〈남자는 배, 여자는 항구〉와 해바라기의 〈고개를 숙인 사람〉을 신청했다. 노래가 등장하자 녀석의 얼굴에서 밝은 미소가 살포시 피어올랐다.

우리는 음악카페를 빠져나와 포장마차로 향했다. 그곳에서 청자 담배 연기를 안주 삼아 23도짜리 소주를 급하게 들이켰다. 친구는 세상은 사람들이 생각하는 것만큼 아름답지 않다는, 이해하기 어려운 말을 남기고 술자리를 떠났다.

두 번째로 녀석을 만난 곳은 '파발마'라는 노량진역 부근의 음악다방이었다. 당시 우리는 재수생 신분으로 변해 있었다. 술을 마시면서 서로의 안부에 대해서 묻지 않았고, 앞으로의 미래에 대해서도 알려고 하지 않았다.

그게 서로에 대한 최소한의 배려였다. 그냥 조용히 그리고 천천히 투명한 소주를 나눠 마셨다. 2차로 간 '파발마'에서 가수 이은하의 〈미소를 띄우며 나를 보낸 그 모습처럼〉을 신청했다. 녀석은 최백호의 〈입영전야〉를 쪽지에 적었던 것 같다. 우리는 그날 그렇게 취하고, 많은 대화를 나누지 않았다.

가을은
음주의
계절

마지막으로 그 친구 녀석을 만난 음악카페는 한남동에 있던 '포리너'였다. 순천향병원 초입에 있던 지하카페였는데 그 근방에서 제일 음악을 잘 트는 곳이었다. 맥줏값이 조금 비싼 것이 흠이었지만 안주 없이도 술을 마실 수 있는 카페였다. 포리너는 서빙을 보는 미녀들과 핑크 프로이트(Pink Freud)의 음악이 늘 공존했다.

게다가 무지하게 푹신한 검정소파에 몸을 숨긴 채 잠을 자든 명상하든 눈치를 주는 이가 없었다. 주머니가 무겁지 않았기에 들락거리기에는 부담스러운 술집이었지만 만만치 않은 매력을 지닌 음악카페였다. 난 그곳에서 손님들이 신청하는 LP 음악을 틀고, 일을 그만둔 후로는 손님 자격으로 포리너를 찾았다.

당시 사귀던 여자는 근처의 대학교에 다니던 학생이었다. 나와 그녀

그리고 녀석은 6월의 이른 여름날, 포리너에서 함께 만났다. 우린 카페를 나와서 주점에서 술을 마시고, 이런저런 선문답을 주고받았다. 마음에 있는 이야기를 쉽게 꺼내지 않는 세 명의 술자리는 유재하의 노래처럼 묘한 정겨움이 흘러나왔다. 기억에 남을 만한 술자리였다.

마지막으로 녀석과 들렀던, LP 음악을 틀어주는 술집은 신촌역 부근의 '시인의 마을'이었다. 가수 정태춘의 노래 제목을 따서 만들었는지는 모르겠지만 난 '시인의 마을'이라는 술집의 이름과 안주로 나오는 고소한 파전, 달짝지근한 동동주를 좋아했다.

재미있는 사실은 그곳에도 투명 뮤직박스가 있었다는 거다. 남자 DJ가 멘트 없이 가요를 틀어주는 곳이었는데, 방학 때는 일주일이 멀다 하고 시인의 마을로 출퇴근을 했다.

녀석은 당시 민주화 운동에 모든 열정을 쏟고 있었다. 전라도에서 데모하다가 알게 된 전투경찰과 술친구가 되었다고 실소를 날리던 친구. 세상은 우리를 버릴지라도 우리는 절대 세상을 버리지 말자는 녀석의 다짐은 지금까지 내 심장 한구석에 화인처럼 남아 있다.

대학로에 있던 '야누스'라는 재즈카페 또한 빼놓을 수 없다. 이곳에서 맥주를 주문하고 늘 두 시간이 넘게 음악을 감상했다. 박성연이라는 재즈 싱어가 운영하던 곳이었는데 신촌역 부근에서 대학로로 이전한 상태였다. 아쉽게도 신촌역 '야누스'는 가본 기억이 없다. 위치는 대학로 번화가가 아닌 이화동 부근에 자리 잡고 있었다.

대학로 '야누스'는 50여 평이 넘는 큼직한 카페였다. 원하는 재즈연주자의 음반을 신청하면 늘 LP 한 면을 통째로 틀어주는, 내게는 너무나도 고맙고 소중한 술집이었다.

삼십 대에 좋아했던 음악카페는 지금도 홍대 주차장 거리를 지키고 있는 '블루스 하우스'다. 하재봉 작가의 소설 제목으로도 등장했던 이곳은 홍대를 상징하는 음악의 성지였다. 매주 토요일이면 그곳에서 신입사원 시절의 업무 스트레스와 피로를 날려 보냈다. 깔끔한 회색 인테리어가 매력적이던 원조 '블루스 하우스' 이후 홍대 주차장 길 건너편 지하로 이전해 두 번째 전성기를 맞이한다.

그곳은 작고한 가수 김광석, 배우 장진영, 가수 김경호, 맨발의 디바 이은미가 자주 찾던 음악인들의 아지트이기도 했다. 철학자 위르겐 하버마스(Jürgen Habermas)식 표현에 의하면 블루스 하우스는 일종의 '문화적 공론장'이었다. 그곳에 가면 로드 맥컨(Rod McKuen), 비 비 킹(B. B. King), 스티비 레이 본(Stevie Ray Vaughan), 보즈 스캑스(William Royce Scaggs), 무디 블루스(Moody Blues), 로이 뷰캐넌(Roy Buchanan) 등의 음악을 마음껏 들을 수 있었다.

DJ가 재미난 멘트와 함께 음반을 틀어주던 음악다방 시대가 막을 내린 것은 1990년대 초반이었다. 이후 대안으로 등장한 장소가 '블루스 하우스'류의 음악카페였다. 벽면 가득히 LP 판으로 도배를 한 카페에서 주인(또는 음악광인 알바생)이 부지런히 음악을 틀고, 가벼운 안줏거리와 병맥주를 파는 장소를 일반적으로 음악카페라고 한다.

문화중독자가
홍대로
간
까닭은

음악카페 주인은

두 가지 스타일이 있다. 첫 번째는 오랜 시간 동안 자신이 모은 음반으로 카페를 시작하는 사람이다. 이들은 대부분 내로라하는 음악광이다. 록음악을 중심으로 1960년대 말 이후 재즈, 블루스, 포크, 사이키델릭 등의 음악에 해박한 지식이 있는 인물이라는 의미다. 이들이 운영하는 카페라면, 이들이 틀어주는 음악에 관심이 있다면, 그곳의 단골이 되어도 무방하다. 운이 좋으면 주인과 어렵지 않게 친구가 될 수도 있다.

문제는 두 번째 부류다. 이들은 음악보다는 카페를 통한 돈벌이에 급급한 장사치다. 이들은 카페를 열기 위해 인터넷 음악 장터나 지인들 또는 중고음반점을 통해서 수천 장씩 떨이로 파는 LP 더미를 저가에 사들인다. 당연히 자신이 구매한 음반에 대해서 특별한 이해나 애정이 없다. 그들에게 LP란 카페 실내장식용으로 활용하는 수단일 뿐이다. 심지어 벽면을 가득 메운 LP를 틀어주지 않는 곳도 있다. 그대가 이런 카페의 단골이 되었다면 제대로 된 음악감상은 포기해야 할 것이다.

외국에서 가장 기억에 남은 음악카페는 일본 삿포로에 있는 '보사(Bossa)'다. 이곳은 삿포로 역에서 도보로 대략 15분 남짓한 거리에 있다. 낡은 건물 2층으로 올라가면 아담한 나무문짝이 보이는데 이곳이 바로 삿포로를 대표하는 재즈카페다.

이곳에는 만여 장에 달하는 재즈 음반이 손님을 반갑게 맞이한다. '보사'의 큼지막한 스피커에서는 퓨전(Fusion)에서부터 비밥(Bebop), 하드밥(Hard Bop), 쿨(Cool), 스윙(Swing), 모던(Modern) 재즈까지 가리지 않고 손님들이 신청한 음악을 틀어준다.

이 카페의 또 다른 특징은 스크랩북에 알파벳 순으로 재즈연주자와 그룹의 음반제목과 곡들이 친절히 소개되어 있다는 거다. 게다가 부담 없이 마실 만한 2만 원대 삿포로산 와인도 있다.

요즘 단골로 들리는 음악카페는 홍대 다복길 부근에 있다. 이곳 사장님은 손님에게 지나치게 아는 척을 해서 부담을 주지도 않고, 그렇다고 매사에 나 몰라라 하는 무관심한 인물도 아니다. 늘 그렇듯이 신청한 음악을 들으면서 술을 마신다. 게다가 사장님은 출간한 책 『광화문역에는 좀비가 산다』에 추천사를 써주기까지 했다. 고마운 일이다.

살다 보면 자잘한 이해관계를 떠나 우연이라는 매개체를 통해서 알게 되는 인연이 있더라. 거기에 문화예술이라는 담론이 추가된다면 금상첨화다. 내게 음악카페란 무엇일까.

아마 고향같이 편하고 훈훈한 장소가 아닐까 싶다. 거기서 잊힌 음악을 듣는다는 것. 추억을 마신다는 것. 새로운 사람을 알게 된다는 것. 이 모든 것이 따뜻한 LP 소리가 울려 퍼지는 마법 같은 음악카페에서 만들어진다.

제2장

아마 늦은
가을이었을 거야

11

새
발의
피

2015년 3월 13일

금요일 이른 저녁. 아내와 홍대 롯데시네마에서 영화 〈위플래쉬(Whiplash)〉
를 보았다. 둘 다 영화광인지라 음악을 소재로 한 영화만 100여 편은 족히
보았다. 어떤 느낌의 영화일까. 양으로 경쟁하는 저렴한 횟집에서 광어회를
씹으면서 자문했다. 기대가 실망을 낳는 법. 저녁 8시 5분에 시작하는 영화
를 즐기면 그만이지. 매화수 한 병을 가볍게 비우고 영화관에 입장.

쿵쿵 따다 쿵쿵 땃. 초반부터 드럼 연습에 여념이 없는 백인학생이 등
장한다. 잠시 후 눈빛이 이글거리는 대머리 아저씨가 나온다. 느낌이 범상
치 않은 아저씨의 관심에 용기백배해진 주인공. 대머리는 학생에게 재능
이 있어 보이니 자신의 수업을 들으라고 권한다. 그의 정체는 음악선생이

었다. 용기백배한 주인공. 선생이 운영하는 재즈합주단에 합류했건만 이
건 지옥훈련 정도가 아니라 도살장에 가깝다. 학생들이 보는 앞에서 주인
공의 귀싸대기를 연타로 날리기. 인신공격에 쌍욕은 기본. 연주를 잘하지
못한다고 머리를 향해 의자 날리기. 박자 틀린 놈 찾아내서 합주단에서
퇴장시키기. 새벽 2시까지 연습시키기. 칭찬 한 번에 지적질 스무 번 비율
로 가르치기. 고문기술자도 이 화상보다는 나을 듯싶다. 현대판 마귀의 재
림이다.

　이쯤에서 궁금증이 튀어나온다. 선생은 도대체 뭘 보고 얼치기 같은
주인공을 제자로 받았을까. 주인공은 왜 선생의 폭언을 감수하면서 수업
에 매달리는 것일까. 영화 중반부가 지나서야 답이 나온다. 연주시간을
확보하기 위해서 여자친구와 헤어지는 주인공. 손가죽이 찢어져서 밴드
를 붙이고 연주에 몰입하는 연습벌레. 가족들의 무시에도 눈 하나 깜짝하
지 않는 저돌성. 먹고 싸는 시간 외에는 연습에 연습 또 연습하는 음악중
독자. 이건 몰입 정도가 아니라 광기에 가깝다. 드디어 주인공은 미쳐버린
것일까.

내 사전에
'그 정도면 잘했어.'란
없다

선생은 이 정도로

만족하지 않는다. '그 정도면 잘했어.'라는 얼치기 선생들 때문에 재즈음악계에 찰리 파커(Charlie Parker)를 뛰어넘을 만한 인재가 나오지 않는다고 한탄하는 선생. 그는 주인공의 광기를 첫눈에 감지했던 것이다. 주인공은 결국 선생의 지적질을 못 참고 무대 위에서 주먹 다툼을 벌인다. 두 명의 괴짜 재즈광이 공연장을 아수라장으로 만든다. 주인공은 결국 학교에서 쫓겨난다. 촉망받는 연습생에서 문제학생으로 추락하는 데 그리 오랜 시간이 걸리지 않았다.

음악을 그만두고 거리를 헤매는 주인공. 지옥훈련을 포기했지만, 표정은 그리 넉넉해 보이지 않는다. 열정이 빠져나간 빈자리는 권태와 허망함만이 쓸쓸히 자리를 차지하고 있다. 무엇일까, 이 범상치 않은 소리는. 어디서인가 들려 오는 재즈음악. 주인공은 홀린 듯 소리의 발원지를 찾아 헤매다, 문제의 재즈클럽이 등장한다. 참새가 방앗간을 그냥 지나치랴. 주인공은 슬며시 클럽의 문을 열어 본다.

어럽쇼. 자세히 보니 밴드의 피아니스트가 문제의 선생이다. 슬쩍 클럽을 빠져나오는 주인공을 붙잡는 선생. 그는 처음으로 주인공에게 애정이 어린 말을 건넨다. 주인공 역시 선생을 향해 응고되었던 마음을 연다. 자신도 학교를 그만두었다고, 뉴욕 카네기홀에서 재즈연주회에 드럼연주자가 필요한데 합류하지 않겠느냐고, 사실은 네가 최고의 연주자였다고 선생은 덕담을 건넨다. 무릇 감동적인 스승과 제자의 만남이다. 주인공은 고민한다. 다시 이 원수 같은 인간과 연주시간을 보내야 하나, 말아야 하나.

영화의 마지막 장면은 카네기홀 공연무대다. 선생이 지휘하는 재즈밴드가 무대에 등장한다. 주인공은 평소 연습한 곡 〈카라반(Caravan)〉을 연주하기 위해 드럼 스틱을 움켜쥔다. 그런데 선생이 지시하는 곡은 주인공이 한 번도 연주해본 적이 없는 트랙이다. 어쩔 수 없이 연주를 엉망으로 만들어버린 주인공. 또다시 악질선생한테 뒤통수를 맞은 거다. 다른 연주자들의 비난 어린 눈총이 주인공을 향해 우박처럼 쏟아진다.

선생은 주인공 때문에 자신이 학교에서 밀려났다고 생각했던 거다. '복수는 나의 것. 녀석아, 맛이 어떠냐.' 연주를 망치고 표표히 무대를 떠나는 주인공. 이 상황에서 무대포 정신이 발동한다. 주인공은 다시 무대로 돌아와 멋대로 드럼연주를 시작한다. 이어 주인공이 리더가 되어 〈카라반(Caravan)〉을 연주하는 장면으로 급전환한다. 연주자들이 주인공의 재능을 인정한 거다. 선생이 키운 제자의 정체는 인도네시아산 호랑이 새끼였다. 마침내 주인공의 열정에 넉 다운되는 선생. 지휘자에서 드럼 연주 보조자로 변신하는 선생의 표정에는 행복감이 넘친다. 땀방울이 떨어지는 드럼의 이미지가 스크린을 점령하면서 영화는 막을 내린다.

정신이 반쯤 나간 채로 극장을 빠져나왔다. '도대체 무슨 영화를 본거지.'라고 중얼거린다. 마흔 무렵까지만 해도 난 사람들의 말을 귀담아듣지 않았다. 나라는 인간은 평범한 사람이고, 평범한 삶을 추구하고, 평범한 일상을 영위하는 재미없는 사람이라는 독백을 수도 없이 반복했다. '너는 특이해, 이상해, 괴짜야.'라는 말에 반응하지 않았다. 그들의 느낌을 날 것 그대로 수용하는 순간, 내 인생이 엉망진창이 될 것 같았다. 두려웠다. 평범하게 살기에도 쉽지 않은 세상에 괴짜가 웬 말인가.

의사가 된 고등학교 친구가 술자리에서 말했다. "네게 있는 집중력은 적어도 보통사람의 열 배 이상이야."라고. '암 그렇지. 그걸 이제야 알았어.'라고 반응하시는 않았다. 내게는 아무렇지도 않은 부분이 남들한테 크게 보일 수도 있는 거로 생각하며 술을 들이켰다.

누군가
내게
귓속말을
했다

그렇다 지금까지
중독자 본능을 숨기고 이렇게 버틴 것만 해도 다행이라고 자족하면서 살아왔다. 마음 한 편에는 내게 있는 몰입의 열정만큼은 누구에게도 뒤지지 않는다는 자부심이 퍼덕거리고 있었다. 하지만 내가 속한 사회의 벽은 단단했다. 모난 놈이 망치질을 당하는 거다. 그러니까 남들처럼, 그냥 늘 그저 그렇게, 잘난 척도 못난 척도 하지 말고 살자는 게 내가 발명한 생활의 지혜였다. 이런 시시한 생각들이 영화 〈위플래쉬〉를 보면서 시원하게 무너져 내렸다. 영화는 내게 끊임없이 소리쳤다. 넌 아직 멀었다고. 그 정도로 지존의 위치를 꿈꾸지 말라고. 세상에는 무지막지하게 많은 열정 바이러스를 지닌 중독자들이 많다고, 너 정도는 모기 발톱에도 미치지 않는 존재라고, 남들의 환호성에 일희일비해 봐야 네 인생은 뻔할 뻔 자라고, 노력은 기본, 재능도 기본, 노력에 노력 또한 기본, 노력에 노력에 노력은 선택사항이라고, 내게 귓속말을 했다.

지인들에게 영화 〈위플래쉬〉를 권하는 메시지를 보냈다. 개봉일은 전날이었는데 벌써 두 명의 친구들이 영화를 봤더라. 그들은 이미 〈위플래쉬〉 광고를 접하고 그 속에 웅크린 열정의 기운을 읽은 것이다.

늙은이들은 왜 청춘을 그리워하는 걸까. 이제야 알겠다. 그들은 열정이 그리운 거다. 새로운 도전을 하기엔 너무나 많은 길을 걸어온 사람들. 그렇다고 특별히 잘하는 게 있지도 않다. '정말이지 그때 그 시절로 돌아간다면 무엇이든 해낼 수 있을 텐데.'라고 중얼거려 본다. 기형도의 시처럼 그들은 늘 '길 위에서 중얼거림'을 반복한다. 그리움의 정체는 현재의 부실한 삶을 말해주는 척도다. 그리운 만큼 여태껏 살아온 삶이 빈 껍데기라는 말에 지나지 않는다. 열정의 인문학이 내게 속삭였다. '아직 멀었으니까 더 달려 봐. 시간은 너에게 기회를 줄지도 모르니까.' 맞는 말이다. 기껏해야 나는 '새 발의 피'였다.

현대무용의 창시자인 마사 그레이엄의 자서전 『Blood Memory』의 글로 이번 장을 마칠까 한다. "이 세상에서 절대 용납할 수 없는 것이 있는데, 그게 바로 평범함이다. 스스로 노력하지 않아 평범해진다면 그것은 죄악이다. 자신의 소신에 따라서 움직이는 사람은 절대로 평범해지지 않는다.".

12

일곱
번째
삼국지

『삼국지』는 권력
중독자들의 인생 이야기다. 소설 속의 세상은 남자들의 무력과 지략싸움
으로 재편되고, 여성은 피지배자의 모습으로 재현된다. 지금까지 다양한
버전으로 완성한『삼국지』를 접했다.『삼국지』와의 첫 번째 인연은 60권짜
리 계몽사 문학전집이었다. 저자가 기억이 나지 않아 인터넷을 검색해봤
더니 최태응 번역이더라. 계몽사 문학전집이 없었다면 내가 독서와 글 쓰
기를 좋아할 수 있었을까. 당시 한 권짜리 축약본으로 읽은『삼국지』에 등
장하는 권력자들의 이미지는 지금까지 기억에 선명하다.

　　두 번째로 접한 삼국지는 초등학교 5학년 시절이었다. 일간스포츠 신
문에 연재하던 고우영의 만화 삼국지가 그것이었다. 당시 학교에는 도시

락을 신문지에 포장해서 가져오는 친구들이 많았다. 내 옆줄에 앉은 친구가 그중 한 명이었다. 녀석의 양은도시락은 항상 스포츠신문으로 꼼꼼히 포장되어 있었다. 나는 점심시간 동안 부지런히 신문에 나온 삼국지 만화를 보고 다시 신문을 돌려주는 일을 반복했다. 고우영 만화 삼국지의 매력은 에로티시즘과 해학에 있다. 성적 호기심이 조금씩 생겨날 무렵에 접했던 고우영의 만화 『삼국지』는 만화를 천대하던 정치권의 압박으로 무려 100여 페이지를 삭제당하는 비운을 겪는다.

고등학교 여름방학 무렵에 세 번째 버전의 삼국지를 읽는다. 저자는 『자유부인』이라는 소설로 유명해진 정비석이었다. 정비석표 『삼국지』는 비교적 평이한 글 쓰기를 강조한다. 장비는 성질이 급하고 제멋대로인 장수이고, 유비는 나약하면서도 정이 많은 존재로, 관우는 의젓하면서도 대의를 중시하는 인물 정도로 묘사될 뿐이다.

왜 독자들은 삼국지에 열광하는가

대학졸업반 무렵, 네 번째 『삼국지』를 접한다. 교양소설 작가로 명성을 높이던 이문열의 삼국지가 그것이었다. '이문열 『삼국지』 현상'은 그야말로 대단했다. 결과적으로 이문열이 평생 배출한 수십 권의 작품보다 『삼국지』 시리즈에서 벌어들인 인세가 이를 초과하는 기현상을 낳는다. 아마도 이문열이라는 이름 석 자로 말미암은 문화현상이 아니었나 싶다.

이후 삼국지류의 연작물을 시도하는 작가에게는 상업예술가라는 오명이 따라다니기 시작한다. 예술가가 돈을 밝히는 것이 죄악까지는 아니더라고 비난의 대상으로 폄하되던 시절이었다. 이문열 『삼국지』의 가장 큰 특징은 조조의 정체성에 대해서 무게를 둔다는 거다. 저자는 유비를 우유부단하고 맺고 끊음이 분명치 않은 무능력한 존재로 추락시킨다. 따라서 이문열표 『삼국지』의 중심인물은 냉정하면서도 통솔력이 뛰어난 조조와 유비의 허약한 부분을 메워주는 지략가 제갈공명 간의 대결로 이분화된다.

다섯 번째 버전의 삼국지는 요코야마 미츠테루라는 일본작가의 60권짜리 『만화 삼국지』였다. 요코야마 미츠테루가 누구인가. 그는 시쿠사시 일본 SF만화의 전설이라 불리는 『바벨 2세』의 원작자이자 로봇만화 『철인 28호』, 코믹만화 『요술공주 세리』의 원작자다. 그는 역사만화에도 관심의 끈을 놓지 않고 『수호지』, 『항우와 유방』, 『사기』, 『석가모니』, 『칭기즈칸』 등 중국 고전작품을 만화의 세계로 재탄생시킨다.

이후 야마오카 소하치 원작의 『도쿠가와 이에야스』, 『도요토미 히데요시』, 『오다 노부나가』 등을 극화하여 명실공히 일본을 대표하는 만화가로 자리매김한다. 요코야마 미츠테루의 『만화 삼국지』에 등장하는 영웅호걸들은 각자의 개성보다는 줄거리에 충실한 보조자로서 존재한다. 1992년

KBS한국방송에서는 요코야마 미츠테루판 만화영화 〈삼국지〉를 수입하여 방송한다.

삼십 대에 접했던 삼국지는 작가이며 사상가인 황석영의 『삼국지』다. 황석영 『삼국지』는 소위 돌직구 스타일에 가깝다. 이문열표 『삼국지』가 저자의 기호에 따라서 좌충우돌하는 형세라면, 황석영표 『삼국지』는 원전의 내용에 충실하면서도 간결하다. 문장은 토끼처럼 짧고 호흡은 기관차처럼 빠르다. 어색한 완곡어법보다는 직설 위주의 문장들이 주를 이루는 편이다.

작가
장정일은
진화한다

이제 일곱 번째 『삼국지』를 말할 차례다. 시집 『햄버거에 대한 명상』, 소설 『내게 거짓말을 해봐』 그리고 서평집 『빌린 책, 산 책, 버린 책』 시리즈의 저자 장정일이 그 주인공이다. 장정일의 가치관은 그가 오랫동안 애정을 가지고 써온 서평집을 통해서 알 수 있다. 장정일 최초의 서평집은 『장정일의 독서일기』 시리즈다. 책에 소개되는 수백 권의 책을 설명하기 위해서 그 몇 배의 독서를 한 셈이다.

초반의 장정일 서평집에서는 '참여'보다는 '거리 두기'에 가까운 글 쓰기를 보여준다. 중반부부터는 저자의 시야가 한층 깊어지고 넓어진다. 사회현상, 정치 이데올로기, 역사에 대한 해박한 지식과 고견을 바탕으로 무정부주의자의 향기가 풍기는 서평에 주력하고 있음을 알 수 있다. 장정일식 서평 시리즈의 두 번째 비전인 3권의『빌린 책, 산 책, 버린 책』에서는 참여자로서의 독서에 충실한 글 쓰기를 보여 준다. 이제 장정일은 세상을 넋 놓고 관조하는 작가가 아닌, 사회 참여적인 작가로서 빛을 발한다.

3년 전 인터넷 서점에서 장정일의『삼국지』를 구매했다. 요즘이야 책을 도서관에서 빌리기도 하고, 구매하기도 하지만 당시에는 한 달 평균 20권이 넘는 책을 꼬박꼬박 구매했다. 마초 소설의 대부격인『삼국지』는 나이에 따라서 읽는 느낌이 다르다. 공감한다. 50살이 되면 장정일의『삼국지』를 다시 읽어 볼까 한다.

그날이 오면 정치에 대한 환멸도, 자본에 대한 휘둘림도, 사람에 대한 호불호도, 성공에 대한 갈망도, 소설 속의 영웅호걸처럼 중화되고 희미해지지 않을까 싶다. 젊은 시절 읽었던『삼국지』가 야망과 승리에 대한 오마주였다면, 지천명에 이르러 읽어 보는『삼국지』는 내려놓기와 천천히 걷기를 깨우쳐 주는 실마리가 되지 않을까 싶다.

13

바야흐로
좀비의
전성시대

여름은 역시 공포
영화의 계절이다. 영화 10도를 오르내리는 겨울날, 으슬으슬 떨면서까지
공포영화를 챙겨봐야 할 필요는 없다. 자고로 공포영화란 온몸에서 진땀
이 흘러내리는 혹서기에 보는 게 제격이다. 멀쩡하던 동네친구가 갑자기
무지막지한 흡혈귀로 변신한다든지, 어두컴컴한 창고에 움츠려 있다 단
체로 몰려나오는 좀비영화는 최고의 납량물이다.

공포영화도 문화와 국가에 따라서 이런저런 특징이 있다. 그동안 영
화에 출연했던 공포물의 주인공을 한데 모아서 〈어벤져스〉 스타일의 블
록버스터 영화를 만들어 보면 어떨까. 아마 한국을 대표하는 영물인 구미
호가 팀의 리더가 되지 않을까 싶다. 아니면 말고.

아홉 살 때 〈드라큘라〉 영화를 극장에서 관람했다. '뭐 볼 만하겠구먼.'이라고 중얼거리며 의젓하게 팔짱을 꼈지만, 영화를 즐기지는 못했다. 영화가 시작한 지 30분 정도가 지났을까. 신부복을 입은 중년의 남자가 관 속에 누운 미녀시체의 가슴에 커다란 정을 박는다. 순간, 시체는 시뻘건 눈을 부릅뜬다. 잔뜩 벌려진 여자의 입속으로 날카로운 송곳니가 보인다. 나는 잽싸게 두 손으로 시야를 가린다. 용기를 내서 손가락 틈 사이로 보이는 스크린을 훔쳐본다. 여자의 괴성이 제법 길게 이어지더니 화면이 바뀐다. 다시 시간이 흐른다. 나는 모기만 한 소리로 중얼거린다. '영화는 도대체 언제 끝나는 거야.' 잠시 후 아버지가 응답한다. 다 끝나가니까. 조금만 기다리라고. 얼마나 시간이 지났을까. 이제는 오줌까지 마렵다. 두 손을 움켜쥐고 다시 화면을 노려본다.

건장한 체구의 남자 두 명이 낡고 음산한 고성 안으로 진입한다. 잠시 후, 핏기없는 얼굴을 한 드라큘라 백작이 득달같이 뛰쳐나온다. 사투가 시작된 거다. 남자들의 우직한 고함이 귓전을 울린다. 도대체 무슨 일이 일어난 걸까. 궁금하지만 눈을 뜰 용기가 없다. 당장에라도 드라큘라가 내 멱살을 잡아채고 목덜미에 큼지막한 송곳니를 박을 것만 같다. 진땀이 나고 손바닥에 미지근한 물이 고인다. 극장에는 다시 정적이 흐른다. 아버지가 내 작은 어깨를 흔든다. 그제야 눈을 떠본다. 스크린에는 커다란 나무판자에 선 채로 심장을 창에 관통당한 무시무시한 드라큘라의 모습이 보인다.

드라큘라 영화의 충격은 생각보다 오래갔다. 거울을 보고 있으면 검은 망토를 두른 아저씨가 내 목덜미를 낚아채지 않을까 두려웠다. 어쨌든 시간은 흐르고 나는 드라큘라의 사정권에서 조금씩 멀어져 갔다. 1980년 대부터 드라큘라 영화는 세인들의 관심 밖으로 조금씩 밀려났다. 공포영화의 주인공에게도 유행이 존재한다. 대학 시절이었나 보다. 그제서야 드라큘라의 정체를 알게 되었다. 내용인즉슨, 이 양반은 루마니아에 살았던 실존 인물인데 진짜 흡혈귀가 아니었다는 싱거운 사실이었다.

공포영화에도
격이
있다

매번 비슷한 콘셉트로 등장하는 드라큘라 시리즈가 시들해질 즈음, 한국 귀신영화에 관심을 두게 되었다. 〈목 없는 미녀〉(1966), 〈월하의 공동묘지〉(1967), 〈누나의 한〉(1971), 〈망령의 곡〉(1980), 〈여곡성〉(1986)으로 이어지는 한국산 귀신 시리즈는 또 다른 공포영화의 세계였다. 동네 벽에 아무렇게나 붙여놓은 귀신영화 포스터에서는 무지막지한 음기가 뿜어져 나왔다.

대한민국 여자 귀신 시리즈가 인기를 잃게 된 결정적인 계기는 아이러니하게도 텔레비전 연속극 〈전설의 고향〉이었다. 사람들은 굳이 극장에 가지 않아도 편하게 안방에 모여 앉아 무시무시한 한국산 귀신들을 만날 수 있었다. 〈전설의 고향〉 시리즈의 최고봉은 역시 구미호였다. 밤이 되면 하얀 머리를 살랑살랑 흔들면서 나타나는 원조 구미호에서부터 나무 위를 자유자재로 날아다니는 신세대 구미호까지 〈전설의 고향〉은 안방드라마의 최고봉이었다.

다음으로 한국영화계를 평정했던 외국산 공포영화는 〈13일의 금요일〉이었다. 수영복 차림의 미남미녀들이 제이슨이라는 괴한에게 처절하게 살해당하는 미국판 '묻지마 살인' 시리즈는 무려 10편까지 이어진다.

이후 〈13일의 금요일〉의 경쟁자 격인 공포영화가 등장한다. 〈나이트메어〉가 그것인데 이 영화에서는 '프레디'라는, 현실과 꿈을 넘나드는 엽기괴물이 등장한다. 사실 〈13일의 금요일〉은 동네 비디오가게에서 대여하는 복사판 영화로 7편까지 섭렵했다. 하지만 〈나이트 메어〉는 1편으로 시청을 마감했다. 이유는 제이슨에 비해 지나치게 비현실적인 인물로 등장하는 프레디 때문이었다. 게다가 프로이트 심리학을 염두에 두었는지는 모르겠지만, 퍼즐이 맞지 않는 모호한 줄거리도 지루함의 원인이었다.

가장 완성도가 높은 공포영화를 고르라면 1975년 상영했던 윌리엄 프리드킨(William Friedkin) 감독의 〈엑소시스트〉를 꼽고 싶다. 다중악기 연주자로 알려진 마이크 올드필드(Mike Oldfield)가 영화음악을 담당했던 이 작품은 실제 사건을 근거로 제작되었다. 영화의 줄거리는 비교적 단순하다. 유명 영화배우인 엄마와 같이 사는 여자아이에게 이상한 사건들이 발생한다. 악마가 여자아이의 영혼에 무단침입했던 것이다. 악마로 변신하는 여자아이를 구하기 위해서 두 명의 신부들이 등장한다. 그들은 여자아이 속에 침투한 악마와 며칠간에 걸쳐 사투를 벌인다.

〈엑소시스트〉는 1971년에 발표한 베스트셀러 소설을 영화화한 작품이다. 소설의 저자는 인터뷰를 통해 미국 메릴랜드 주에서 벌어졌던 실화를 소재로 했다고 토로한다. 실제 사건의 장소는 개인주택이 아닌 성당이었다. 악마의 혼이 침투한 소년을 귀하기 위해 4명의 퇴마사 신부들이 출동한다. 소년은 어른에 맞먹는 괴력을 쏟아낸다. 악마가 들린 소년은 급기야 침대 스프링을 뽑아서 한 신부에게 중상을 입힌다. 결국, 5개월여에 달하는 성수치료로 소년은 완치된다. 사건과 달리 영화에 등장하는 신부들은 모두 악마가 들린 소녀와 싸우다 죽임을 당한다.

좀비를
위한
나라는
없다

서른 이후부터는 공포영화를 멀리했다. 왠지 공포영화가 정신건강에 도움이 되지 않는다는 생각이 들어서였다. 영화를 보고 나면 늘 찜찜한 여진이 머릿속에 남아 있는 게 싫었다. 안 그래도 피곤한 세상, 공포영화까지 합세하여 인생을 어지럽게 만들고 싶지 않았다. 그렇게 시간이 흘러 2014년이 도래했다. 월 9천 원에 가입할 수 있는 프리미어 케이블 TV가 등장했다. 단돈 9천 원에 한 달간 80여 편의 영화를 보고 또 볼 기회가 온 것이다. 처음에는 공포영화가 아닌 드라마, 다큐멘터리 위주의 영화를 섭렵했다.

프리미어를 통해서 만난 영화 〈월드 워 제트〉는 휴대폰으로 따진다면 최신 갤럭시폰 스타일의 영화였다. 이 영화에서는 현대판 좀비들이 떼거리로 등장한다. 좀비영화 하면 조지 로메로(George Romero) 감독의 시체 시리즈 3부작인 〈살아있는 시체들의 밤〉(1968), 〈시체들의 새벽〉(1978), 〈시체들의 낮〉(1985)과 대니 보일 감독의 영국을 주 무대로 펼쳐지는 〈28일 후〉를 먼저 꼽을 수 있다. 브래드 피트가 좀비 해결사로 출연한 〈월드 워 제트〉에서 등장하는 좀비는 일단 속도에서 차이가 있다. 예전의 좀비는 아무리 잘 쳐줘도 달리는 속도로 이동했다. 하지만 〈월드 워 제트〉에서 나오는 좀비는 육상선수 우사인 볼트보다도 빠른 속도로 이동한다. 심지어 공중부양을 해서 미사일처럼 날아다니는 좀비까지 등장한다. 이른바 인간을 능가하는 진화형 좀비를 탄생시킨 것이다. 배경 또한 전 세계를 무대로 한다. 이미 내년쯤에는 우주를 무대로 환약하는 좀비영화가 나오지 않을까 싶다. 제목은 〈어벤져스 3 : 좀비 전성시대〉가 적당하겠다.

지금까지 드라큘라, 구미호, 제이슨, 프레디, 악령, 좀비 등이 등장하는 공포영화를 살펴보았다. 공포영화의 주인공이었던 드라큘라, 구미호, 제이슨, 프레디는 10년을 고비로 존재감이 사라지는 공통점을 보였다. 반대로 악령과 좀비영화는 아직 인기가 사그라지지 않는다. 그들은 성형미인들처럼 새로운 외모와 스타일로 변신하여 은막에 다시 나타난다. 작년에는 좀비를 소재로 한 미드까지 등장했다. 바야흐로 좀비의 전성시대다.

14

남자의
로망,
초합금
로봇

'기운 센~ 천하장
사~ 무쇠로 만든 사람~ 인조인간 로봇, 마징가아 젯!' 이 노래를 기억하
는가. 주저 없이 그렇다고 대답한다면 그대는 7이나 6이라는 숫자로 시작
하는 주민등록번호의 소유자다. 노래의 주인공은 '마징가 제트'라는 전투
형 로봇이다. '나가이 고'라는 일본 만화가의 작품을 만화영화로 만든 것
인데, 이 작가의 이전 대표작이 『데빌맨』이었다는 사실을 아는 사람은 그
리 많지 않다.

　제목에서처럼 인간과 악마 사이를 넘나드는 반인반마의 초월적 존재
를 만화화한 나가이 고는 이 작품으로 악마주의자라는 오명을 얻는다. 그
는 작품을 통해서 선과 악, 천사와 악마, 인간과 비인간이라는 폭력적인

이분법을 해체하는 데 성공한다. 따라서 그의 만화에서 인간이란 여러 가지 얼굴을 가진 다중적인 생명체로 등장한다. 우리나라에서는 2011년에 만화 『데빌맨』 전집이 정식으로 출간된 바 있다. 악마를 이기기 위해 악마의 이미지를 로봇으로 형상화한 작품이 〈데빌맨〉과 〈마징가 제트〉다. 당시 이런 심오한 만화철학까지 이해하면서까지 〈마징가 제트〉를 관람하지는 않았다.

마징가 제트는 팔꿈치에서 튀어나오는 드릴 미사일, 가슴팍에서 쏟아지는 브레스트 파이어, 황산이 함유된 루스트 허리케인, 허공을 날아다니는 마징가의 로켓 펀치, 마징가의 날개 격인 제트 스크랜더 등 다양한 필살기를 탑재한 슈퍼로봇이었다. 그렇다면 〈마징가 제트〉의 시청률은? 놀라지 마시라. 평균 20% 수준이었다고 한다. 케이블 방송이 없던 시절이라고 쳐도 한일월드컵 4강전 생중계에 달하는 수준이었으니 이쯤 되면 '마징가 광풍'에 가까운 현상이었다.

신장 18미터. 몸무게 20톤에 달하는 슈퍼로봇 〈마징가 제트〉의 성공 요인은 매회 등장하는 다양한 악당로봇과 기발한 스토리텔링에 있었다. 상대방 로봇의 선제공격에 쓰러질 듯 무너질 듯하면서 버티는 마징가 제트는 1970년대 초등학교에 다녔던 남자아이들의 우상이자 신화였다. 이후 일본판 로봇 만화영화는 〈그레이트 마징가〉, 〈그랜다이저〉, 〈짱가〉 등으로 이어진다.

한국에는
태권브이가
있었다

이에 질세라 태권도
동작을 모티브로 한 한국산 만화영화가 탄생한다. 이름 하여 〈로봇 태권
브이〉. 김청기 감독의 작품이자 한국 로봇 만화영화의 서막을 연 태권브
이는 마징가보다 어린 1976년생이다. 노래 〈세월이 가면〉의 가수 최호섭
이 주제가를 불렀으며, 남자 주인공 철이의 목소리는 놀랍게도 여배우 김
영옥이 담당했다.

로봇에 대한 로망은 나를 신용산초등학교를 대표하는 만화가로 성장
하게 해준다. 틈만 나면 종이에다 로봇과 전투기, 항공모함을 그려대는 통
에 전교에서 알아주는 학생만화가가 되었던 것이다. 나중에는 아이들이
돈을 주고 내가 그린 만화를 사기 시작했다. 그림 제작이 밀리면 예약하
는 친구까지 등장했다. 쉽게 말하자면 초등학교 때부터 돈벌이를 시작한
셈이다. 그 돈으로 학교 근처에서 파는 번데기, 뽑기, 기타 불량식품, 라면
등을 풍족하게 사 먹는 꼬마작가로 활동했다.

로봇만화의 추억은 중학교에 진학하면서 조금씩 기억 저편으로 사라
진다. 로봇의 기억을 묻어두고 학교, 군대, 회사에 취직하는 너무나도 뻔한
과정을 밟는다. 음악평론가에 대한 꿈도, 만화가의 꿈도, 철학이라는 학문
에 대한 꿈도, 사랑에 대한 꿈도 접은 채 철저하게 만들어진 인간으로 자
신을 내버려둔다. 그렇게 별생각 없이 서른 그리고 마흔의 벽을 넘는다.

로봇
포세이돈을
찾아서

초합금 로봇에 다시 매료된 시점은 나이 마흔을 살짝 넘어서였다. 업무상 신촌에 있는 미용실 체인점 본사에 가야 할 일이 있었다. 2호선 신촌역에서 그리 멀지 않은 길을 걷던 중 번쩍하는 무엇인가를 발견했다. 잘 해봐야 서너 평 남짓 될까. 자그마한 가게 유리창에 전시된 로봇은 다름 아닌 '마징가 제트'와 '철인 28호'였다. 순간 유리창에 코를 박고 전시된 로봇의 광채에 마음을 놓아버렸다. 그제야 전시장을 지키고 있던 다른 로봇들, 즉 그랜다이저, 아프로다이 에이스, 게타로보, 대공마룡 가이킹, 암흑대장군, 보스 보로트, 미네르바, 괴수로봇 가라다 K-7, 더글러스 M-2가 시야에 들어왔다. 이건 완전히 별천지였다.

더는 말이 필요 없었다. 크게 심호흡을 한 뒤, 가게에 입장. "만져 봐도 될까요?" 주인으로 보이는 빡빡머리 청년에게 건넨 첫 번째 말이었다. 순간, 묵직한 합금의 무게가 느껴진다. 조심스럽게 로봇 마징가 제트와 철인 28호를 만지작거리다 제자리에 놓았다. 주저할 것 없이 마징가 제트를 사고, 일주일 후에는 만화영화 1편에 출연했던 악당로봇 커플인 가라다 K-7, 더글러스 M-2를 사고, 가이킹을 사고, 그레이트 마징가, 그랜다이저에 이르기까지 로봇 지름신의 충실한 노예가 되었다.

그동안 모은 50여 개의 초합금 로봇은 책장선반에 옹기종기 모여 살고 있다. 여기에 추가로 피겨 로봇까지 합치면 거의 100여 개에 달하는 거대 로봇군단이 완성된다. 철인 28호만 해도 색깔, 사이즈, 제조사별로 7개를 모았으니 이 정도면 로봇 덕후가 아닐까 싶다.

뭐 눈에는 뭐만 보인다고 사실 이 정도의 로봇 수집가는 덕후 세계에서 대단한 측에 속하지 않는다. 가수 겸 연기자를 겸했던 모 하이틴 스타는 똑같은 초합금 로봇을 한꺼번에 3개씩 사들인다고 한다. 하나에 10만 원이 훌쩍 넘는 로봇을 뭐하러 세 개씩이나 사는 것일까. 모름지기 다 쓸데가 있는 법이다. 하나는 전시용, 또 하나는 직접 가지고 노는 용도로, 마지막 하나는 비상시를 대비한 보관용이라고 한다. 이 정도면 진정한 로봇 덕후의 최고봉이 아닐까 싶다.

사실 2년 전에 놓친 로봇이 하나 있다. 만화 『바벨 2세』에 나오는 '포세이돈'이라는 놈인데, 이 녀석이 일본 다이너마이트 액션사 버전으로 2013년 가을에 첫 번째 모델이 출시되었다. 어찌어찌 하다 구매시기를 놓쳤더니 재입고 소식이 들리지 않는다. 마음먹고 로봇 판매사이트를 뒤져보았지만 하나같이 '재고 없음'이라는 문구만 나오더라. 일본 경매사이트까지 뒤져 보았음은 물론이다. 앞으로 얼마를 더 기다려야 물건이 나올지 모르겠다.

참고로 로봇계열에서 엄청난 덕후 군단을 이끌고 있는 건담류 모델은 사양이다. 건담로봇의 모양새에 불만이 있는 건 아니고, 그렇다고 개인적인 원한이 있지도 않다. 문제는 너무나도 많은(못해도 1,000종이 족히 넘을 거다.) 건담모델이 시중에 나와 있기 때문이다. 두 번째 이유는 마징가 제트의 발전형 모델인 건담세대가 아니라는 게 이유다. 투박하지만 신과 인간의 중간자에 가까운 전투형 로봇은 남자의 로망이다. 게다가 초합금의 우직한 무게감까지 갖춘, 늠름한 자태까지 뿜어대니 환상 그 자체다. 희소식이 하나 있다. 이번 여름에 다이너마이트 합금사에서 로봇 포세이돈 두 번째 버전이 등장했다. 지름신이여, 강림하시라.

15

영준이는
영준이다

일반적으로 사람
들을 살펴보면 두 가지 성향이 드러난다. 만날 때마다 무엇인가가 달라져
있는 사람. 다음으로 늘 그대로인 사람이 그것이다. 첫 번째 경우는 다시
두 가지로 재분류된다. '뭐야, 겨우 이 정도였어?'인 경우와 '어라, 나름 괜
찮은 면이 있었네?'라는 분류가 있겠다.

그렇다면 나는? 글쎄 미안하지만 나는 두 가지 모두에 해당하는 사람
이 아닌 듯싶다. 무엇인가 특별한 유전자가 있다는 말이 아니다. 이런저런
자아에 집착하지도 않고 그렇다고 괜찮은 사람이 되려고 애쓰는 사람이
아닌 존재가 나라는 인간이다. 그러면서 살짝 변화를 추구하는, 조금은 복
잡한 면면이 내재하여 있는 사람 정도라고 생각한다. 남들 눈에는 어떻게

보일지 잘 모르겠지만 말이다.

각설하고 이번에 소개하는 문화중독자는 후배 영준이다. 그는 '늘 그대로'인 편에 속한다. 영준이를 처음 보았을 때가 1998년이었다. 뒷부분에 소개할 음악감상모임 〈내슈빌〉의 신입회원으로 영준이가 나타난 것이었다. 영준이는 나보다 99배는 음반수집에 대한 열정이 드높은 음악중독자였다. 성격 또한 늘 일관성이 있었다. 자신의 관심사에만 지나치게 집착하는 편이었지만 그렇다고 사람들과의 관계를 무시하는, 계산적이고 냉소적인 성격이 있지도 않았다. 그는 음악도, 성격도, 대인관계도, 늘 원래 자리를 오롯이 지키는 괜찮은 후배다.

녀석은 음악에 대한 태도나 자세에서도 초심을 잃지 않는다. 이런저런 음악을 섭렵하다 보면 자신이 지금 좋아하는 음악만이 최고라는 어쭙잖은 자기도취에 빠지는 음악광들이 꽤 많다. 그러다가 다시 예전의 음악으로 관심이 가면 이들은 아무렇지 않게 쓱 말을 바꾼다. 그래도 자신이 처음에 들었던 무슨 무슨 음악이 좋더라는 식으로 말이다. 이런 유치한 음악적 권위주의는 자신뿐 아니라 주위 사람까지 피곤하게 만드는 일종의 과시욕이다. 그런 면에서 영준이는 달라이 라마처럼 모든 음악을 평등하게 대한다. 블루스도, 재즈도, 클래식도, 포크라는 장르도 영준이 앞에서는 훌륭한 음악일 뿐이다. 나는 영준이의 이런 '음악적 비폭력주의'를 좋아한다.

1999년이었다. 영준이는 내가 소장했던 LP 100여 장을 구매했다. LP에서 CD로 수집방향을 전환하는 시기였다. 음질 면에서야 LP만 한 존재가 없지만, 보관이 편리하고 용량이 LP의 두 배에 가까운 CD의 장점 또한 무시할 수 없었다는 게 이유였다. 똑같은 물건을 처분해도 이왕이면 지인에게 전하는 것이 마음이 편하다. 그 물건이 내가 아꼈던 물건이라면 두 말할 나위가 없다.

한국 최고의 포크음반수집가

영준이는 음악의, 음악에 의한, 음악을 위해서 태어난 사람이다. 덕분에 소장한 음반 중에서 영준이가 원하는 것이 발견되면 도저히 피해 갈 수가 없다. 어떻게든 음반을 얻기 위해서 나를 그로기 상태로 몰아가기 때문이다. 아무리 거절해도 헝그리 복서처럼 포기하지 않는다. 선수가 선수를 알아본다고 했던가. 나 또한 한 장의 희귀음반을 구하기 위해서 오랜 시간을 허비했던 경험이 있는지라 영준이의 집요한 덕후기질을 모른 체할 수 없었다.

영준이가 지금까지 모은 LP는 대략 만 오천 장을 넘나든다. 하루에 열 장씩 쉬지 않고 음반을 듣는다 쳐도 일 년에 고작 3,650장을 감상할 수 있다. 따라서 녀석이 모은 음반을 전부 들으려면 5년이라는 장구한 시간이 소요된다. 이 엄청난 양의 음반을 모은 영준이는 10억짜리 로또복권이라도 당첨된 행운아일까. 그렇지는 않다. 영준이는 먹고 싶은 것 먹지 않고,

마시고 싶은 것 마시지 않고, 입고 싶은 것을 과감히 포기하면서 음반수집에 인생을 바친 덕후다. 녀석이 한 장, 두 장 모은 음반마다 피와 눈물의 역사가 면면히 흐르고 있다.

혹시 CD보다 듣는 LP의 깊은 맛을 아는지. 네게 이런 즐거움을 준 고마운 존재가 영준이다. 녀석은 한 장에 3천5백 원이라는 매우 합리적인 가격에 자신의 희귀 LP를 내게 CD로 복사해준 음악전도사였다. 그렇게 모은 복사 CD가 무려 200여 장에 달할 무렵, 영준이는 상수역 1번 출구 부근에 음악카페를 차린다. 지금이야 알아주는 번화가이지만 2005년 당시에는 과연 장사가 잘될 곳인지 우려가 앞서는 외진 장소였다.

마침 영준이가 의욕적으로 임했던 미술학원이 운영난 끝에 문을 닫았던 때라서 무엇인가 도움이 되고 싶었다. 일단 매월 모이는 소설창작 모임장소를 영준이네 카페로 정했다. 영준이네 카페에서 나오는 음악은 1970년대 포크 또는 록, 블루스음악이었다. 전방위 음악광이거나 이쪽 음악에 대해서 거부감이 없는 사람들만을 위한 카페였다.

이 시점에서 작은 기적이 일어난다. 창작모임의 지도선생 격인 박성원 작가가 이 카페에서 틀어주는 음악에 꽂힌 것이었다. 지금은 계명대학교 교수로 활동하지만, 당시만 해도 전업작가를 꿈꾸는 인물이었다. 박성원 작가의 소속 출판사는 문학과 지성사였다. 문학과 지성사 본사건물은 마포구 서교동에 있었다.

영준이네 카페에서 걸어가면 10여 분 남짓한 거리에 있다는 점 또한 행운이었다. 이후 영준이네 카페에는 소설가 이인성, 김중혁, 윤대녕, 정영문, 이응준 등 한국 문학계를 쥐락펴락하는 유명작가들의 사랑방이 되었다.

희귀음반
제작자로
변신하다

영준이는 지금도
음악과 관련한 사업을 하고 있다. '빅핑크(Big Pink)'라는 자신의 음반레이블 만든 것이다. 빅핑크는 무려 350 타이틀이 넘는 음반들을 라이선스 시디로 발매했다. 그는 카페에 이어 자신이 좋아하는 음악을 소재로 돈을 벌고 취미생활을 한다. 게다가 월급쟁이들처럼 출퇴근 시간에 구애받지 않으며 24시간 마음껏 음악을 들을 수 있는 멋진 환경에서 살고 있다. 일하고 남는 시간에는 철학서적을 탐독한다. 조직생활을 하는 나로서는 영준이의 예술친화적인 삶이 부러울 따름이다. 다시 태어난다면 정말이지 영준이처럼 살아보고 싶다. 물론 예상치 못한 어려움과 난관과 마주치겠지만 말이다.

생각해보니 영준이와 알고 지낸 지도 15년을 훌쩍 넘겼다. 우리가 만나던 옆자리에는 늘 음악이라는 친구가 따라다녔다. 몇 년 전부터 친구가 한 명 더 늘었다. 인문학이라는 공통의 관심사가 추가되었기 때문이다. 알려지지 않은 좋은 책을 권할 수 있는 벗이 주변에 있다는 것은 커다란 행복이다. 내게는 영준이가 그런 존재다. 녀석은 내게 자신이 읽은 책을 메신저로 추천하고, 그 보답으로 내가 최근에 읽은 책을 추천해준다.

2014년 여름에는 영준이가 사는 전주에 다녀왔다. 우리는 전주대학교 교정에 앉아서 오후 내내 세상의 인문학자들에 대해서 담소를 나누었다. 날씨는 후텁지근했지만, 가끔 서늘한 바람이 불어왔다. 그는 전주의 명물인 삼백집 콩나물국밥의 맛에 대해서도 귀띔해주었다. 콩나물국밥이 다 거기서 거기라는 내 생각이 틀렸다고 인정하는 데 걸리는 시간은 길지 않았다. 첫 수저를 뜨자마자 느낌이 왔다. 이건, 보통 국물맛이 아니었다.

영준이는 삼백집 콩나물국밥을 닮았다. 언제 다시 봐도 변하지 않는 진국 같은 존재라는 게 이유가 되겠다. 다음에 그를 만나면 상수역 카페를 방문했던 각기들이 작품에 대해서 꿈의 대화를 나눠볼까 한다. 백발을 휘날리며 대학 교정에 앉아 인문학을 논하는 두 늙은이의 모습이 보인다. 한 명은 허버트 마르쿠제(Herbert Marcuse)의 책을, 또 한 명은 안토니오 그람시(Antonio Gramsci)의 책을 손에 쥐고 있다. 그게 우리의 10년 후 모습이 아닐까 싶다. 그렇다. 영준이는 영준이다.

16

안녕하세요,
담배입니다

길을 걷다 보면 늘 마주치는 불청객이 있다. 매캐한 냄새와 함께 부스스한 연기를 내뿜는 새끼손가락만 한 기호식품. 기침과 가래를 동반한 폐암유발자. 진정제보다도 강력한 스트레스 해소제. 고량주와 잘 어울리는 최음제. 쓸쓸할 때면 친구대용으로 그만인 녀석. 이 정도면 문제의 주인공이 누구인지 알 것이다.

재수 시절 담배를 처음 배웠다. 학원은 일종의 종합반 형태로 운영되던 곳이었다. 신분이 불확실한 재수생이라는 생활이 버거웠을까. 하필이면 그해 가을, 상사병에 걸렸다. 학원친구들이 점지한 여자애의 별명은 '환상의 섬'이었다. 아마 가수 윤수일의 노래제목에서 빗댄 별명이 아니었나 싶다. 상사병이라는 게 늘 그렇듯이 제 눈에 안경인지라, 나중에는 여자애와 복도에서 마주치기만 해도 밤잠을 설쳐야 했다. 큐피드의 굵직한 화살이 심장 한가운데를 관통한 상황이었다. 용기를 내자. 일주일 동안 무슨 말을 건넬까 고민에 고민을 거듭했다. 시시하게 고작 준비한 말이 이거였다. "저기요, 잠깐 커피라도." 날 제대로 쳐다보기는 했나 모르겠다. 환상의 섬은 아무 대답 없이 복도를 가로막은 날 제쳐놓고 사라졌다. 그게 다였다. 이게 흡연을 시작한 이유였다.

재수할 때 술 마시러 뭉쳐 다니는 친구들이 있었다. 건, 범성이, 병철이. 문제는 이 세 녀석 모두가 알아주는 골초였다. 친구 따라 강남까지는 못 가도 담배는 따라 피울 수 있다. 어쭙잖은 실연의 상처가 어쩌고저쩌고하는 핑계로 담배를 시작했다. 처음에는 복통과 설사가 나오더라. 다행인지 불행인지 그렇게 365일을 꼬박 피워도 입담배 수준에서 벗어나지를 못했다. 선천적으로 기관지가 약해서였다. 평균 잡아 사흘에 한 갑 정도. 골초 수준에는 한참 미달하는 흡연자가 된 것이다.

담배가 말썽꾸러기 취급을 받기 시작한 때는 2002년도가 아닌가 싶다. 그렇다면 그전까지는 어쨌을까. 사람들은 아무 데서나 담배를 피웠다. 음식점에서, 동시상영극장에서도, 화장실에서도, 사무실에서도, 담배는 사람이 모이는 곳이면 자석처럼 따라다니는 기호품이자 생활필수품이었다. 그런 담배가 죽음을 재촉하는 마약류라는 사실을 알려준 이가 코미디언 이주일이었다. "국민 여러분, 담배 끊으세요." 병상에서 던진 폐암환자 이주일의 이 한마디로 난 거짓말처럼 담배를 끊었다.

당신도
담배를
끊을
수
있다

아무리 입담배 경력이라도 10년이라는 세월은 만만치 않았다. 입이 늘 심심해서 주머니에 땅콩을 한 움큼씩 넣고 다녔다. 담배 덕분에 태어나서 제일 여러 번 읽은 책까지 등장했다. 제목 하여 『당신도 담배를 끊을 수 있다』이 책을 거의 20번 넘게 정독했다. 내 인생에서 가장 여러 번 읽은 책이 하필이면 금연서적이라니. 사무실에서 담배 생각이 날 적마다 미친 듯이 책을 펴들었다. 담배의 해악으로 도배질을 한 책 덕분이었을까. 책 표지가 너덜너덜해질 즈음, 난 완전히 담배의 공포에서 사라졌다고 생각했다. 그렇게 6년이라는 비흡연 인생이 꾸역꾸역 흘러갔다.

다시 담배를 피우게 된 계기는 소설 때문이었다. 직장에 다니는 정황상 평일에 글을 쓰는 것은 불가능했다. 어쩔 수 없이 주말과 휴가, 국경일은 글 쓰는 직장인에게 절대적으로 소중한 시간이었다. 추석 연휴 마지막 날이었다. 글이라고 써놓기는 했는데 의욕만큼 멋진 글이 나오지를 않더라. 이를 어쩐다. 출근날은 다가오고 마음은 초조했다. 그렇다고 술을 마시고 글을 쓸 수는 없었다. 시도는 해보았다. 취한 상태로 글을 쓸 당시는 짠~하는 느낌이 왔다. 다음 날 다시 읽어보면, 이건 글이 아니었다. 당시의 묘한 기분은 창작에너지가 아닌 취기에 불과했다. 오타투성이에 문맥은 뚝뚝 끊어지고, 그야말로 소설이 아니라 신세 한탄을 풀어놓은 것 같았다. 결국, 음주는 창작에 아무런 도움이 되지 않는다는 확진판정만 얻었을 뿐이다. 비상수단으로 동네슈퍼로 달려가 담배를 다시 샀다. 덕분에 이틀만에 소설을 마무리할 수 있었다.

그렇게 피우고 또 피우고, 예전처럼 3일에 한 갑 분량의 담배를 태웠다. 담배 중에서 가장 순하다는 국산담배 '원 0.1'을 즐겨 피웠다. 담배를 피우는 사람도 담배 연기를 싫어할 권리가 있기에 집에서는 담배를 태우지 않았다. 아파트 경비실 건너편이 주로 담배를 피우는 장소였다. 경비아저씨와 눈이 마주치면 죄지은 사람처럼 시선을 돌리는 시시한 일상이 반복되었다. 1990년대와는 달리 길을 걸으면서 담배를 피우면 사람들의 따가운 눈총이 쏟아졌다. 그렇게 눈치 흡연을 반복하면서 담배 연기를 부지런히 폐 속으로 빨아들였다.

두 번째로 담배를 끊은 것은 2014년 여름이다. 24시간 내내 건강염려증에 짓눌려가면서 담배를 피우고 싶지 않았다. 미세먼지에 담배까지 피워서 폐를 더럽히고 싶지 않았다. 매일 아침마다 사무실 종이컵에 시커먼 가래를 뱉어가면서 담배를 피우고 싶지 않았다. 담배의 힘을 빌려서 글을 쓰고 싶지도 않았다. 사람들의 눈치를 보면서 거리 구석에서 담배를 피우고 싶지도 않았다. 마지막으로 담배 연기 없는 건강한 세상을 만드는데 작은 이바지를 하고 싶었다. 오늘도 건강히. 그러니까 담배를 피우지 말지어다.

바야흐로
담배의
수난시대

2015년 초부터 담

뱃값이 기존보다 두 배로 뛰어올랐다. 점심 한 끼 값과 담배 한 갑의 가격
이 똑같아진 것이다. 이게 말이 되나. 물론 말이 된다. 물건이란 늘 파는
사람 마음이고 싫으면 안 사면 그만이니까. 라면은 생활필수품이고 담배
는 기호품이니까. 담배를 안 피운다고 굶어 죽지는 않는다. 정부는 부족한
세원을 국민건강증진이라는 그럴싸한 핑계로 담뱃값에 뒤집어씌웠다. 게
다가 대부분 실내공간에서 금연제도를 강화했다. 실외라고 예외일 수 없
다. 조금 오래된 이야기지만, 강남대로에서 담배를 피우다가는 즉시 벌금
을 내야만 한다.

　1970년대 영화를 보면 아무렇지도 않게 담배를 피우는 노랑머리 배
우들이 등장한다. 배우 알랭 들롱(Alain Delon)은 연기력이 떨어진다고 감
독이 아예 담배를 손에서 떼지 말라고 했다는 설이 있다. 어색한 손동작
을 감추기 위해서 흡연을 권한 거다. 아무리 생각해도 이해가 가지 않는
게 있다. 그토록 수많은 건강식품이 난무하는 가운데 왜 담배는 몸에 건
강한 약초를 넣어서 만들지 못하느냐는 거다. 물론 '도라지'라 불리는 담배
가 있기는 했다. 약초 타는 향이 나기는 했지만 '도라지' 담배가 건강에
좋다는 말은 없었다. 피우면 피울수록 건강해지는 담배의 발명은 불가
능한 것일까.

담배마다 그들만의 사연이 존재한다. 이별의 담배, 외로움의 담배, 취중 담배, 승리의 담배, 즐거움의 담배가 그것이다. 언젠가는 건강에 좋은 담배가 등장할 것이다. 그날이 오면, 담배는 다시 예전의 명성을 되찾을 것이다. 그날이 오면, 기쁜 마음으로 다시 흡연을 시작할 것이다. 그날이 오면, 진정한 담배의 전성시대가 도래할 것이다.

17

백만
달러짜리
다리

나는 정확히 2001년
도에 마라톤을 시작했다. 왜냐고 묻는다면 이렇게 말할 것이다. "그건 말
이죠. 바로 상사 스트레스 때문입니다." 사람마다 천적이 존재한다. 계산해
보니 얼추 네 명에 한 명꼴로 궁합이 맞지 않는 상사를 만났다. 이게 직장
인의 숙명이다. 나와는 좀처럼 말을 섞지 않으려는 소심한 상사가 미웠다.
업무는 제쳐놓고 사내정치에만 열중하는 상사가 미웠다. 나는 그에게 반응
했다. 추진력이 약하다 못해 아예 일을 해보겠다는 의욕 자체가 보이지 않
던 상사의 심기를 내가 먼저 건드렸던 거다.

　나보다 정확히 열한 살이 많던 그가 돌직구를 던지는 후배직원을 좋
아할 리 만무했다. 하루하루가 왜 그리 길었던지. 어떤 보고를 해도 시큰

둥. 어떤 결재서류를 올려도 별무신통이었다. 일을 벌이지 않아도 월급봉투에는 돈이 쌓이고 출퇴근에 별문제가 없다는 게 그 양반의 소신이었다. 게다가 요상한 술집은 왜 그리 좋아하는지 회식만 하면 룸살롱 타령에 노이로세가 걸릴 지경이었다. 그것도 아니면 저녁 겸 도박판을 벌이는데 엄청난 열정을 쏟았다. 도박에 관심이 없던 내가 근무시간보다 회식시간이 더 고통스러웠음은 물론이다.

이래서는 도저히 안 되겠다. 방법을 찾아보자. 무엇인가를 해야 했다. 내가 잘 못하는 종목이 무엇일까 고민해 보았다. 생각해보니 학생 시절, 장거리 달리기 때문에 고역을 치렀던 기억이 떠올랐다. 고민할 필요가 없었다. 일요일 아침, 운동화에 반바지 차림으로 동네 학교운동장을 찾았다. 한 바퀴를 돌자 몸이 천근만근 해졌다. 두 번째 바퀴부터는 심호흡이 제대로 되지 않았다. 세 번째 바퀴는 거의 걷다시피 했다. 운동장 바닥에 강력접착제를 발라놓은 듯 발바닥을 옮기는 일이 쉽지 않았다. 네 번째 바퀴는 비몽사몽 간에 달렸다. 그날 나의 첫 번째 달리기 결과는 달랑 운동장 네 바퀴가 전부였다.

천 리
길도
달리기부터

일주일 후 다시 운

동장을 찾았다. 조기축구회 사람들이 열심히 운동장을 가로지르면서 공을 차는 데 여념이 없었다. 그들의 건강한 장딴지가 부러웠다. 다시 달리기를 시작했다. 이번에는 다섯 바퀴를 뛰었다. 일주일 후에는 여섯 바퀴를 돌았다. 일찍 퇴근하는 날에는 저녁 달리기에 도전했다. 일곱 바퀴 완주. 이렇게 조금씩 거리를 늘려가면서 작은 목표를 세웠다. 잠실 운동장 하프마라톤 도전. 우선 21.5km에 달하는 거리가 어느 정도인지 계산해 보았다. 운동장 80바퀴 분량이 나왔다. 내가 처음 달린 거리에서 무려 20배를 더 뛰어야 했다. 과연 가능할까. 자신은 없었지만, 시도는 해보고 싶었다.

마라톤, 같이 해볼까? 재수생 친구였던 병철이와 맥주를 마시다 먼저 말을 건넸다. 녀석은 고등학교 시절에 산악부 회원이었다. 삐쩍 마른 체형에 강골의 이미지를 보이던 녀석은 순순히 고개를 끄덕였다. 좋지, 한번 해보자. 두 명의 예비 마라토너는 주말마다 한강둔치를 달리고, 학교운동장을 달리고, 또 달렸다. 녀석에게 뒤지지 않기 위해서라도 이틀에 한 번씩은 마라톤화를 신었다.

대회를 앞둔 지 한 달 전이었다. 이제부터는 실전연습에 들어갈 타이밍이었다. 명절이라 그런지 학교는 한산했다. 그날, 나는 정확히 운동장 78바퀴를 돌았다. 왜 80바퀴를 채우지 않았냐고? 한 시간 반을 지나자 무릎 바깥쪽에서 침으로 찌르는 듯한 통증이 찾아왔다. 그렇게 두 시간을 포레스트 검프처럼 내리달았다.

운동장 가운데 건물 위에 달린 커다란 시계 분침이 두 바퀴를 돌았을 즈음, 달리기를 멈췄다. 더 달리다가는 마라톤대회는 고사하고 병원으로 실려갈지도 모른다는 걱정이 앞섰다.

완주라는
이름의
완행열차

마라톤대회는

순조롭게 마쳤다. 1분 58초. 사실 목표는 완주시간이 아니라 걷지 않고 달리는 것이었다. 달리는 동안 정말이지 많은 생각이 머리를 스쳐 갔다. 힘들 때면 고통스러운 과거의 기억들을 떠올렸다. 컨디션이 좋아지면 희망적인 생각을 떠올렸다. 달리기를 포기한 채 터벅터벅 걷는 이들을 보면 다시 장딴지 근육에 힘이 들어갔다. 그렇게 악전고투 끝에 하프마라톤을 완주했다.

달리면서 회사생활이 나아졌을까. 특별히 좋아진 것은 없었다. 상사는 여전히 나를 멀리했고, 나는 꾸준히 달리기했을 뿐이다. 6개월이 지날 무렵, 변화가 찾아왔다. 거듭되는 운동으로 체력이 강화되고 매사에 자신감이 생긴 거다. 상사의 차가운 시선이 예전처럼 따갑게 느껴지지 않았다. 그가 인상을 쓰더라도 예전과 달리 밝고 편안한 모습으로 대응할 수 있었다. 그렇게 조금씩 서로의 거리감이 좁혀질 무렵, 덜컥 인사이동 문서가 떴다. 놀기 좋아하던 상사는 지점으로 발령이 나고, 존재감이 없던 우리

부서는 다른 부서에 통폐합되었다. 꾸준히 운동하고, 상사 스트레스에서 자유로워졌다.

짧은 시간 동안 체력을 보강하는 최고의 운동은 달리기다. 운동화 두 짝과 달릴 수 있는 운동장 또는 평지만 있다면 그만이다. 한 시간을 쉬지 않고 달리면 보름가량 버틸 체력을 보충할 수 있다. 의자 생활을 오래 하는 직장인의 고질병인 목통증과 허리통증을 치료할 수 있는 최고의 운동이 달리기다. 무엇보다 달리기는 스스로에 대해서 생각할 시간을 허락해준다. 30분 이상 달리기를 계속하면 베타 엔도르핀이라는 마약보다 중독성이 강한 쾌감물질이 쏟아져 나온다. 무엇보다 달리기는 자신이 살아있다는 사실을 날 것 그대로 느끼게 해주는 일종의 구원자다.

환갑이 되면, 기념으로 상암동 마라톤을 신청할 예정이다. 하프마라톤은 조금 무리고 10킬로 정도가 적당할 것이다. 젊은 건각들의 무리에 섞여 웃으면서 종착지를 통과하는 거다. 아마 그날은 비가 오지도 않을 것이며, 다리에 통증이 내리지도 않을 것이다. 내 다리는 백만 달러짜리 다리니까.

18

아아,
런던
프라이드

맥주만큼 맛에 비
해 저평가되는 술도 없다. 누군가가 싫어하는 술이 뭐냐고 묻는다면, 거
두절미하고 소주라고 대답한다. 그렇게 말하면 상대방은 '에이, 진정한 술
꾼이 아니구먼. 남자라면 소주를 잘 마셔야지.'라는 씁쓸한 표정을 연출한
다. 뭐, 상관없다. 주량으로 존재감을 내비치고 싶지는 않으니까. 소주라,
일단 아무런 술맛이 없다. 쓴맛이 특징이라는 것은 말이 안 된다. 모든 술
은 적당히 쓰다. 와인 또한 마찬가지다. 중요한 건 술의 치명적인 약점인
쓴맛을 어떻게 해결하느냐가 술의 가치를 좌우한다.

언급했다시피 나는 주당이 아니다. 20대야 체력이 남아도는 시절이니
그렇다 치고, 30대에 폭음해본 이들은 대부분 경험했을 것이다. 과음이 얼

마나 삶을 좌지우지하는지를 말이다. 우선 건강을 망친다. 적어도 30대 후반까지는 아무리 달려도 그럭저럭 버틸 만하다. 하지만 40대는 다르다. 이래 봬도 내가 옛날에는 말이야, 이런 식의 술에 관한 영웅담은 더는 통하지 않을 나이가 40대다. 조금만 폭음을 해도 다음 날 저녁까지 후폭풍에 시달려야 한다. 술 때문에 이틀이라는 시간을 멍한 상태로 보내야 한다는 것. 두어 시간의 즐거움을 얻기 위해 버리는 시간치고는 아깝지 않은가. 음주에도 과소비의 부작용이 버젓이 존재한다.

문화중독자의
맥주예찬론

맥주의 장점은 과음을 피하게 해준다는 거다. 일단 조금만 마셔도 배가 부르다. 소주나 고량주처럼 한 방에 훅 가는 경우가 적다. 추가로 종류별로 다양한 맛과 향취가 있다는 점이다. 그럼 양주는 어떠냐는 질문을 던질 수도 있다. 미안하지만 양주는 제외하자.

　마실 기회가 그리 흔치 않고 무엇보다 도수가 너무 높다. 소주를 포함한 대부분 술이 연성화되는 상황에서 양주만 오롯이 40도를 고집할 이유는 없다. 물론 40도를 밑도는 양주가 찔끔찔끔 나오기는 하더라. 사실 양주 중에서 코냑을 좋아하기는 한다. 하지만 밖에 나가서 그 비싼 술을 아무렇지 않게 마실 만한 형편이 못 된다. 어쨌거나 양주는 패스다.

다시 맥주로 돌아가 보자. 일단 국산맥주가 떠오른다. 맥주의 참맛을 알게 된 때는 대학 시절이었다. 당시만 해도 맥주는 금전적인 부담 없이 마실 만한 술이 아니었다. 무슨 무슨 호프라는 생맥주에 저녁 식사 대용으로 먹을 만한 소시지 야채볶음, 감자튀김, 두부김치류의 안주가 나오는 유럽식 맥줏집이 유행하던 시절이었다.

한 달에 한 번 정도 호프집에서 맥주를 마셨다. 안줏값이 모자라면 집에서 미리 저녁을 해결하고 1,500원짜리 쥐포 안주 하나로 버티면서 부지런히 생맥주를 마셔댔다. 국산 병맥주는 가격에 대한 압박 때문에 마신 기억이 그리 많지 않다.

회사에 들어오면서 회식자리에서 소주와 병맥주를 마셔야 하는 상황이 이어졌다. 아니면 1차는 소주, 2차는 맥주, 이런 식으로 회식이 진행되었다. 2000년도를 기점으로 카스 맥주 전성시대가 도래한다. 나는 이 시대를 한국 맥주의 암흑기라 칭하고 싶다. 어떤 술집을 가나 카스 맥주 천지였다. 어쩌다 천연 암반수로 만들었다는 하이트 맥주를 구경할 수 있었지만, 그마저도 흔치 않았다. 그렇다고 카스 맥주가 특별한 경쟁력이 있었다고 생각하지 않는다. 일정 규모 이상의 맥주공장만을 인정하는 폐쇄적인 산업환경하에서 탄생한 한국 맥주의 독재자가 바로 카스 맥주다.

카스 맥주의 전성기는 무려 10여 년간 변함없이 이어진다. 치킨집을 가도, 횟집을 가도, 삼겹살집을 가도, 포장마차를 가도, 기차를 타도, 노래방을 가도, 파는 맥주는 무조건 카스였다. 당시만 해도 카스 맥주에 대한 호불호가 없었다. 문제는 그 후 내 입맛이 변해버린 거다. 같은 술도 오래 마시면 질리기 마련이다. 카스가 호령하던 한국 맥주시장의 변화는 외부로부터 왔다. 2010년을 전후해서 수입 맥주가 국내에 선을 보이기 시작한 것이다.

맥주에도
족보가
있다더라

1904년 태어난 덴마크의 칼스버그(Carlsberg), 북미지역의 맹주인 라거 맥주 버드와이저(Budweiser), 필리핀의 자존심 산 미겔(San Miguel), 보스턴을 상징하는 라거 맥주 사무엘 애덤스(Samuel Adams), 여성들의 열렬한 사랑을 받는 벨기에 맥주 호하르던(Hoegaarden), 아일랜드 흑맥주의 지존 기네스(Guinness), 레몬 향과 함께 마시는 멕시코산 맥주 코로나(Corona), 체코 맥주의 전설 필스너 우르켈(Pilsner Urquell), 일본 맥주의 3인방인 기린(Kirin), 삿포로(Sapporo), 아사히(Asahi), 묵직한 뒷맛이 일품인 독일 맥주 벡스(Beck's), 네덜란드 맥주 하이네켄(Heineken), 과일 향이 매력적인 오스트리아 맥주 에델바이스(Edelweiss) 등 쟁쟁한 세계의 맥주들이 한국술집의 문을 두드린다.

처음 외국산 맥주가 국내에 들어오던 시절에는 와바(WA BAR)류의 수

입 맥주전문점이 성황을 이루었다. 이후 맥주 창고 등 저렴하게 수입 병 맥주를 즐길 곳이 생겨났다. 술집 하면 홍대지역을 빼놓을 수 없다. 이곳 에서는 카페마다 특정 수입 맥주 몇 종만 선별 취급하는 특징을 보인다. 어떤 술집은 마트나 세계 맥주전문점에서도 볼 수 없는 특이한 맥주를 판 매하기도 한다.

외국산 맥주의 선전 속에서 맥을 못 추던 한국 맥주시장에 지각변동 이 일어난다. 때는 2014년 4월. 물 타지 않은 맥주라는 모토로 클라우드 맥주가 등장한 것이다. 이때까지만 해도 한국 맥주는 밋밋한 맛 때문에 외국시장에서 푸대접을 받기 일쑤였다.

이런 상황에서 100% 맥아 함량을 자랑하는 국산맥주가 등장했다. 클라우드의 선전은 말 그대로 초대박이었다. 기존 국산맥주보다 10% 정 도 비싼 가격으로 술집에서 판매되어도 문제가 되지 않았다. 외국산맥 주에 익숙해진 한국 주당들에게 클라우드 맥주는 수호천사나 다름없었 다. 2014년 11월에는 클라우드 맥주의 미국 진출이 이어졌다. 초도물량 이 완판이라니. 이건 국위선양에, 국내 애주가들의 술맛 돋구기에, 흔들 고 세 번 고에, 피박까지 연타로 날린 셈이었다.

클라우드의 무한선전 속에서 새로운 맥주를 하나 알게 되었다. 이름 하여 런던 프라이드(London Pride)! 미지근한 맥주를 아무렇지 않게 들이 키는 영국에서 나온 술이라 별 기대는 하지 않았다. 2014년 가을이었다. 런던의 옥스퍼드 스트리트를 여행하다가 들른 음식점에서 시킨 맥주가 바로 이 녀석이었다. 라거 맥주보다 맥주 색깔과 맛, 향이 진하다는 에일

맥주가 바로 런던 프라이드였다.

첫 모금을 넘기는 순간, 황홀경에 빠졌다. '바로 이거야.' 사무엘 애덤스처럼 살짝 가벼운 맛이 지배하지도 않으면서, 오렌지 껍질로 제조했다는 캐나다산 맥주 블루문(Blue Moon)처럼 신맛이 강하지도 않았다. 오랜만에 마음에 드는 친구를 알게 된 듯한 느낌이었다. 그날부터 난 런던 프라이드의 추종자가 되었다.

붉은색 스티커가 인상적인 런던 프라이드 맥주를 파는 술집은 국내에 그리 많지 않다. 술집이 많다는 홍대를 통틀어도 잘해야 열 군데 정도 될까. 맥주에 관한 글을 쓰다 보니 목이 컬컬해진다. 어디에선가 향긋한 에일맥주의 향이 봄기운을 타고 날아오는 듯하다. 이번 주말에는 런던 프라이드를 마시러 홍대 다복길을 들러봐야겠다. 안주는 역시 달달한 감자튀김이고.

19

쓰는
자에게
복이
있나니

광화문에 있는 맥
줏집 '비어할레'에서 해동이 형 가라사대. "인간아. 그렇게 미친 듯이 읽
기만 해서 어디에 쓰려고 하냐? 그만큼 읽었으면 뭐라도 쏟아내 봐야지."
2000년의 마지막 날이었다. 형이 몰라서 그렇지, 글 쓰기는 내게 익숙한
일과였다. 20년 넘게 일주일 간격으로 펜을 놀리는 일기장과 3년간 월간
지에 연재했던 음악평론, 그리고 회사 사내보에 2년 남짓 연재했던 음악
에세이는 내게 글 쓰기의 즐거움이 무엇인지 알게 해주었다. 그런데 이번
에는 소설을 써 보란다.

여기서 해동이 형 소개를 잠깐 해볼까 한다. 형은 내가 사원 시절,
거래하던 디자인 업체의 담당책임자였다. 인쇄물이 늦게 나와서 둘이

충무로 인쇄소에서 밤을 새우면서 친해진 인물이었다. 형은 내 첫인상이 전형적인 서울 뺀질이처럼 쌀쌀맞고 차가워 보였다고 했다. 딴에는 클라이언트로서 예의를 갖춰 형을 대했다고 생각했는데 알고 보니 그게 아니었다.

형과 가까워진 계기는 회사 일이 아니라 문학이었다. '앗, 그 작가도 알아요?' 해동이 형의 동공이 당구공 크기로 확대되는 순간이었다. 최인훈, 김승옥, 김현, 박상륭, 이인성, 기형도, 윤대녕으로 이어지는 한국 현대문학의 계보를 논하면서 우리는 자연스럽게 호형호제하는 사이가 되었다. 웬만해서는 아무한테나 형이라고 들이대는 성향이 아니었지만, 문학적 내공이 만만치 않은 해동이 형만큼은 예외였다. 게다가 형은 7년째 완성하지 못한 중편소설을 쓰는 중이었다. 멋지지 않은가. 광고 일을 하는 30대 후반의 소설가라니. 그날 따라 맥주 안주로 나온 닭꼬치 맛이 일품이었다.

어떤 예비소설가의 각오

이렇게 난 전업소설가를 꿈꾸는 예비작가로 변신했다. 3년 동안 미친 듯이 소설을 썼다. 장편과 중편을 합쳐서 20여 편이 넘는 작품을 완성했다. 운 좋게 4개의 문학

상까지 받았으니 이쯤 되면 유명작가까지는 아니지만, 싹수가 보이는 소설가라고 불릴 수 있었다. 달도 차면 기우는 법이라고 했던가. 내우외환 때문에 소설 쓰기가 피곤해질 무렵, 난 슬그머니 문학모임을 탈퇴했다. 글쓰기도 어느 정도 마음이 안정되고 정서적으로 동기부여가 될 만한 환경이어야만 가능한 창작행위였다. 이후 태엽 감긴 장난감 로봇처럼 회사와 집을 오가면서 6개월을 보냈다. 그 사이 중편소설 한 편을 완성했지만 더는 의욕이 생기지 않았다.

글 쓰기를 다시 하게 된 계기는 대학원 진학이었다. 문화예술경영이라는 융합학문을 지도하는 대학원에 무사히 합격한 것이다. 문학 중심으로 편중되어 있던 독서방식이 대학원에 다니면서 변화하기 시작했다. 전공과 관련한 인문학, 사회과학 독서로 방향전환을 시작했던 것이다. 글쓰기는 대학원 과제작업을 통해서 반복적으로 이루어졌다. 그렇게 대학원을 마치고 논문 통과를 하고, 외국대학의 '듀얼 디그리(Dual Degree)' 과정을 마쳤다.

다시 6개월을 책 읽기에 빠져 지내다가 박사과정에 진학한다. 이번에는 문화콘텐츠를 전공으로 정했다. 대학원과정과는 비교가 안 되는 강도로 읽기와 발표하기가 무한 반복되었다. 음악평론, 소설창작, 일기 쓰기에서 논문식 글 쓰기가 추가되었다. 박사과정을 마칠 즈음, 다시 새로운 방식의 글 쓰기가 그리워졌다. 이번에는 미술평론에 도전해보았다. 합정역 부근에 사무실을 둔 출판사 담당자와 주제 및 목차를 잡았다. 14개로 짜인 목차를 하나씩 완성할 때마다 출판사 편집팀장에게 원고를 보냈다. 우리는 약 두 달에 한 번씩 글 쓰기와 관련한 회의를 지속했다. 계약서에 사인하고 출판예정일을 나눌 때만 해도 구름 위에 떠있는 듯한 기분이었다. 호사다마일까. 이 출판사 편집팀장이 사장과의 갈등 끝에 회사에서 권고사직을 당해버린 거다. 겨우 초고가 완성되고 본격적인 교정에 들어갈 즈음이었다. 사장과 불편한 관계에 있던 편집자가 관리하는 작가의 미래는 없었다.

다시 도전이 필요했다. 이번에는 미술책 시장보다 확률이 높은 종목을 선택하고 싶었다. 시중에 유행하는 '창조'라는 주제로 글 쓰기를 해보기로 했다. 책 이름은 '창조인간 레시피'로 정해 보았다. 다시 새로운 출판 관계자를 알게 되고, 무사히 계약을 마쳤다. 1년간의 창작과 교정기간 끝에 드디어 정식으로 종이책을 출간했다. 글 쓰기를 시작한 지 30여 년 만에 작은 결실을 보게 된 것이다. 그리고 2015년 5월에는 두 번째 책이 발행되었다. 가을에는 또 세 번째 책이 출간. 이렇게 '내 책 만들기 프로젝트'가 하나둘씩 결실을 맺어 갔다. 이 과정에서 문화중독자라는 별칭까지 덤으로 얻게 되었다.

글 쓰기란
'다르게
보기'다

이 시점에서 글 쓰기

에 대한 나름의 의견을 피력하고자 한다. 글 쓰기란 무엇일까. 나는 글 쓰기의 정의를 '자신을 알아가는 과정'이라고 말하고 싶다. '예전에 묻어두었거나 이미 기억 저편에 사라진 자아를 찾는 과정'이 글 쓰기의 가장 의미 있는 역할이라 생각한다.

예고 없이 제2의 사춘기가 올 수도 있다. 주위 사람들이 이해하지 못할 돌출행동을 할 수도 있다. 생각하는 만큼 글의 완성도가 높지 않아서 좌절할 수도 있다. 글 쓰기라는 외로운 싸움에 몰입하다 보면 지인들과 인연이 끊어질 수도 있다. 시간의 압박으로 다른 일과를 포기해야 할 것이다. 글 쓰기를 통해서 잃는 것은 나열한 예시 말고도 무수히 많다.

그럼에도 글을 쓰는 이유는 무엇일까. 나는 그것을 '과정의 즐거움'이라고 말한다. 글 쓰는 행위가 괴롭고 고통스럽다면 이를 멈춰야 한다. 글 쓰기 막고두 즐겁고 재미있는 일이 태반이기 때문이다. 글 쓰는 시간으로 사회생활에 커다란 지장이 있다면 이를 재고해봐야 할 것이다. 일상에 불편함을 느낀다면 글 쓰기의 매력에 빠지지 않았다는 신호다. 글을 쓰면서 감정적인 고양이 느껴지지 않는다면 갈 길이 멀었다는 증거다. 글은 머리로 쓰는 것이 아니라, 가슴으로 쓰는 것이기 때문이다.

이상 글 쓰기에 대한 작은 이야기들을 풀어 보았다. 맞다. 나는 남들과 똑같은 48시간에 해당하는 주말을 쪼개고 또 쪼개서 글을 쓴다. 한 권의 책을 완성하기 위해서는 적어도 50권이 넘는 독서량이 필요하다. 책의 내용과 연관성이 있는 독서만으로 충분치 않다. 사회문화에 관한 책을 쓰면서 시집을 읽을 수도 있고, 만화책을 읽을 수도 있다. 아니, 그래야만 한다. 시집을 통해서 문장력을 강화시킬 수 있으며, 만화책을 통해서 사회문화에 대한 '다르게 보는 시각'을 가질 수 있다.

쓰는 것 이상으로 읽기를 소홀히 한다면 결코 원하는 결과물을 끌어낼 수 없다. 따라서 틈나는 대로 읽고, 원하는 만큼 써야만 한다. 적어도 글이란 쓰는 만큼 발전한다. 어떤 변명이나 투정도 필요 없다. 써야 한다. 읽지 않는 자여, 쓰지 마라. 쓰지 않는 자여, 말하지 마라. 말하지 않는 자여, 그 시간에 읽고 쓰기를 게을리하지 말지어다.

20

술에는
장사가
있다

술, 담배 실력이 수준
급인 대학생 여자친구가 있었다. 그녀의 지론은 늘 '술은 마셔서 없애고, 담
배는 피워서 없애야 한다.'였다. 얼핏 듣기엔 매우 환경친화적인 발언이다.
하지만 술과 담배의 독성을 온몸으로 흡수했던 그녀의 피폐해진 건강은 누
가 책임지랴.

요즘이야 건강이 중요한 화두라지만 1980년대만 해도 술 담배는
단지 기호식품 정도였다. 두발 자유화와 여행 자유화, 통행금지가 사라
지면서 등장한 민주화 시대의 시민은 또 다른 중독거리를 찾아 나섰다.
이후 동서독 통일, 소련의 붕괴 등 사회주의 이데올로기라는 거대담론
이 무너지면서 사람들은 사회에서 자기 자신에게로 관심의 시각을 전

환하기 시작했다.

변화는 또 다른 변화를 재촉한다. 여유는 나태를 부르고, 나태는 육체와 정신의 붕괴를 재촉한다. 술이라고 하면 금욕주의자들은 나태와 붕괴의 이미지를 떠올릴 것이다.

맞는 말일까. 음주가 지나칠 때는 백번 맞는 말이다. 하지만 적당히(이 말만큼 모호하고 무책임한 표현도 드물지만) 즐길 수 있는 중용의 미덕을 갖춘 한량에게는 더 없는 생활의 활력소가 아닐까 싶다. 문제는 이 술이라는 놈이 마실수록 내성이 생긴다는 거다.

주당들의
평균수명은
20년이더라

이십 대에는 내로라 하는 술꾼들이 주변에 제법 포진하고 있었다. 무박 삼 일간 소주와 맥주 사이를 헤엄쳤다는 작가지망생, 밤새 폭음을 하고 지하철역 화장실에서 노숙했다거나, 무려 100일간 쉬지 않고 술을 흡입했다는 인간 알코올흡입기에 이르기까지, 무협지 주인공을 능가할 만한 주당들이 강호에 수두룩했다. 그들의 주량은 삼십 대를 넘겨서도 여전했다.

술을 즐기지만, 밤 11시 이전에 자리를 파하는 습관이 있던 나는 주당들이 반길 만한 술친구가 아니었다. 어떤 주당은 아예 나와 술을 마시다가 10시가 넘으면 다른 친구와 만나는, 이른바 일거양득식 음주를 하기도 했다. 또 어떤 주당은 미리 다른 지인과 술을 마신 상태에서 나와 두 번째로 대작하는 여유를 보이기도 했다.

주당. 이들의 음주신화는 과연 영원할까. 이번에는 40대 중반을 넘긴 주당들을 살펴보자. 아쉽게도 이들은 서서히 음주의 종착역이 보이기 시작한다.

다시 말하면 천하의 주당일지라도 평생 마실 술의 양은 정해져 있다는 거다. 20대 시절에 평생 마실 술을 몽땅 마셔버린 이도 존재한다. 음악 평론계에서 활동했던 어떤 이는 아쉽게도 30대를 넘기지 못하고 세상을 떠났다. 폭음으로 말미암은 합병증이 원인이었다.

이런 극단적인 상황이 아니라면 대부분 주당은 그럭저럭 40대 초반까지는 변함없는 음주력을 과시한다. 하지만 30대까지 부어라 마셔라를 반복하던 음주가들은 40대 중반을 기준으로 대부분 전성기 시절만큼의 주량을 보이지 못한다. 말 그대로 맛이 가버린 거다.

음주 가무를 시작했던 10대 시절부터 마시는 술의 양을 확인해 가면서 마시는 습관이 있었다. 예를 들면 오늘은 컨디션이 좋으니까 장수막걸리 한 통까지 가능, 오늘은 불금인 관계로 생맥주를 딱 2,000cc까지만, 내일은 오전부터 대학원 수업이 있으니까 맥주는 딱 두 병만, 이런 식이었다.

이런 재미없는 음주습관은 지금까지 이어진다. 주당들이 보기에는 매우 시시하고 답답한 음주법이지만 분명 장점이 존재한다. 무엇보다 과음으로 필름이 끊어지는 불상사를 면할 수 있다. 다음으로 이튿날까지 숙취에 시달리는 부작용을 최소화할 수 있다. 마실 때는 모르지만, 카드 결제일이 되면 폭탄으로 변신하는 술값을 적절하게 조절할 수 있다.

마지막으로 음주다이어트를 통해 늙어서까지 여유 있게 음주 생활을 누릴 수 있다. 팔팔할 때 비축한 음주 체력이 노년까지 빛을 발하는 거다.

그렇다면 세상의 주당은 50대를 전후해서 모두 장렬하게 전사의 순간을 맞이하는가. 주변을 살펴보니 꼭 그렇지도 않더라. 20~30대 시절, 술잔을 품에 안고 살았던 주당들이 백발을 휘날리면서 어마무시한 주량을 과시하는 일도 종종 있더라. 음주계에서도 인간승리의 역사가 버젓이 존재한다.

세상의
마지막
주당을
찾아서

올해 초에 있었던 일이다. 신년회 겸해서 평소 술을 즐기는 선배를 홍대로 모셨다. 그는 흐린 날 술을 마시면 하늘에서 우박이 아니라 주박이 우수수 떨어진다고 흥분하시던 애주가였다. 게다가 줄담배에 어떤 이와도 술자리를 마다치 않는, 진정한 애주가였다.

그런데 50대 중반을 훌쩍 넘긴 그 양반이 보여주는 주량은 말 그대로 욱일승천의 기세였다. 그날 난 대학원 미술사 특강을 담당해야 해서 술자리에 10시 반 경에야 도착했다.

선약했던 선배 두 명은 이미 소주를 4병 가까이 마신 상태였다. 내가 도착하자마자 2차로 이동. 다음에는 병맥주가 주종으로 선택되었다. 맥주가 10병을 돌파하자 상대적으로 주량이 약한 선배는 취침모드로 전환했다. 주당 선배는 2차에 만족하지 못한 듯 또렷한 발음으로 외쳤다. "봉호야, 3차 가자." 3차는 다시 소주였다.

결국, 그날 주당 선배와 나는 3차에서 소주 4병을 추가로 비우고서야 헤어졌다. 결론적으로 50대 중반의 선배는 혼자서만 소주 4병과 맥주 5병을 기볍게 비우고 사라졌다. 이를 수주로 환산한다면 거의 5병을 비웠다는 말이 되겠다.

요즘 선배는 거의 매일 술을 마신다고 했다. 직장 은퇴를 앞두고 있어서인지 더욱 술에 손이 자주 가는 모양이었다. 몇 해 전 세상을 떠난 박모 연예인은 60대까지 소주 5병 이상씩을 매일 복용했다고 하던데 이들의 알코올 분해능력은 일반인의 두 배 이상임이 확실하다.

술은 즐거운 오락거리다. 문제는 중독이다. 한 번 빠지면 서서히 육체와 정신을 갉아 먹는다. 술이 술을 부른다는 말이 틀리지 않더라. 조절하기는 어렵지만 망가지기는 쉬운 게 술이다. 강호의 수많은 주당이여. 세상은 넓고 마실 술은 엄청나게 많더라.

주량에 관한 결론은 이거다. 진하게 40대까지 마시던가, 조금씩 오래 오래 마시던가. 난 후자를 택했다. 재미없는 음주습관이지만 읽기나 글 쓰기도 음주중독 못지않게 매력적인 일이기 때문이다. 만약 술이냐, 독서냐, 글 쓰기냐 중에서 선택하라면? 쉽지는 않지만, 독서가 첫 번째요, 글 쓰기는 두 번째, 술이 세 번째라고 자신 있게 말하기는 쉽지 않다. 그냥 독서가 첫째요. 나머지 둘은 용호상박이라고 해두자. 추적추적 봄비가 내린다. 오늘은 홍대 파전집에서 아내와 동동주를 마셔야겠다. 사이좋게 반반씩. 2차는 크림 생맥주를 잘하는 카페가 어떨까 싶다.

제3장

겨울 중독자의 고백

21

우리에게
포르노를
허하라

"**진짜** 노동하는 거
는 힘든데, 진짜 노동하는 거는 싼데, 우리나라 순결의식 때문에 여자 몸
값이 너무 비싸. 우리나라 남자들도 섹스를 무척 좋아하고. 할 게 없으니
까. 진짜 문화라는 게 없잖아."라는 대사는 홍상수 감독의 영화 〈여자는
남자의 미래다〉에서 배우 유지태가 선배 김태우에게 건네는 말이다. 동
의하는가. 부분적으로는 맞지만 그렇지 않은 부분도 여럿, 눈에 띈다.

우선 사람을 몸값으로 환산하려는 배금주의적 태도다. 매사를 돈으
로 환산하려는 물질사상은 사람의 기품을 추락시킨다. 다음으로 문화의
부재다. 여가 문화 자체가 제대로 자리 잡지 못한 한국의 실정까지는 인
정한다. 하지만 섹스가 문화에서 무조건 제외되어야 한다는 법은 어디에

도 없다. 문제는 이러한 성적인 문화를 바라보는 보수주의자들의 그늘진 시각이다.

"혹시 포르노영화를 좋아하시나요?"라고 묻는다면 "예, 물론이죠."라고 시원스럽게 답하는 남자는 많지 않다. 대부분 '당연한 걸 왜 묻지?'라고 생각하면서 대답을 흐리기 마련이다. 그것도 아니라면 "글쎄요, 별로 좋아하지 않아요….'라고 얼버무리면서 자신의 노트북 하드디스크드라이브에는 최신판 유럽 포르노영화들을 애지중지 모셔놓은 이들도 적지 않으리라.

요즘은 자주 찾지 않지만, 포르노영화를 좋아한다. 포르노영화 중에서 주로 일본영화를 좋아한다. 금발의 미녀들을 상대하는 근육질의 서양 남정네들을 보고 있으면 정서적인 무력감이 느껴지기 때문이다. 게다가 조각처럼 탄탄한 그녀들의 유방과 장딴지가 나를 질식사시킬 것만 같은 위협감이 서양 포르노영화에 관심이 없는 이유가 되겠다. 한 가지만 더 말해볼까. 신음은 고래고래 잘 지르지만, 왠지 진정성이 느껴지지 않는 그녀들의 어색한 연기가 비호감의 원인이다.

포르노
영화의
전성시대

포르노영화를

처음 접한 것은 고등학교 2학년 시절이었다. 고등학교에서 30분 정도 걸어가면 포르노영화를 틀어주는 만홧가게가 있다는 정보를 들었다. 라면 머리를 한 공부벌레 친구와 문제의 장소를 찾아가기로 협의를 보았다. 겨울이었나 보다. 난방시설이 엉망인 만홧가게에서 우리는 가칭 예술영화를 감상했다. '에이, 저게 포르노였어? 정말 별로잖아.' 정도까지는 아니었지만 일본 여배우가 들판에서 이리저리 뛰어다니던 포르노영화는 기대보다 시시했다. 게다가 만홧가게에 옹기종기 모여서 함께 포르노를 보는 남학생들의 양말에서 새어 나오는 고린내가 영화감상을 어지럽힐 정도로 강력했다. 그렇게 우리는 두 시간 동안 포르노를 감상하고 펭귄처럼 후암동 빙판 거리를 걸었다.

본격적인 포르노영화의 전성시대는 1980년대 후반이었다. 동네에는 정품비디오 테이프와 함께 포르노 비디오테이프를 대여해주는 가게가 제법 있었다. 가격은 한 편당 2천 원. 짜장면이 천 원이던 시절이었으니 만만한 가격은 아니었다. 하지만 어쩌랴. 다른 영화도 아닌, 따끈따끈한 포르노영화를 빌려준다는데.

나는 동네 상가 2층에 있는 비디오 가게를 자주 들렀다. 팔뚝에 주삿바늘 자국이 선명하던 주인아저씨는 나의 암구호를 단박에 이해하는 영민한 분이었다. "재미있는 영화 들어왔어요?"라고 물으면 아저씨는 묵묵히 계산대 뒤에 붙어있는 작은 문으로 사라진다. 잠시 후 개선장군처럼 두어 개의 비디오테이프를 들고 나온다. 제목만 봐서는 뭐가 뭔지 알 수 없다. 대충 읽어보고 느낌이 오는 복사 테이프를 고르면 거래가 마무리

된다. 일본 포르노물이 많지 않았던지라 대부분이 미국 포르노물이었는데 도대체 저놈의 나라는 어디서 저런 아름다운 영화를 촬영하는 것인지 한편으로 부럽기도 하면서 한 편으로는 뭔가 나사가 풀린 대로 풀린 듯한 나라가 아닐까 하는 생각이 들었다.

외국산 포르노영화의 물결은 1990년대 한국 비디오 영화시장에도 적지 않은 영향을 미친다. 이른바, '부인시리즈'로 불렸던 안방용 성인비디오는 1990년대 한국 성인영화를 상징하는 일종의 아이콘이었다. 그 중심에 〈젖소부인 바람났네〉라는 영화가 있었다. 무려 12편까지 제작되어 한국성인 남성들의 갈증을 식혀주었던 이 고마운 영화 시리즈는 이후 다양한 아류작을 배출한다. 〈만두부인 속터졌네〉, 〈자라부인 뒤집혔네〉, 〈냄비부인 몸달았네〉, 〈하마부인 배불렀네〉, 〈개털부인 털뽑혔네〉, 〈오뎅부인 탱탱불었네〉, 〈콘돔부인 구멍났네〉, 〈주걱부인 턱빠졌네〉, 〈감자부인 씨말랐네〉, 〈한우부인 젖소됐네〉, 〈콜라부인 간장됐네〉, 〈사이다부인 톡쏘네〉, 〈주걱부인 턱빠졌네〉 등이 당시 영화사의 제목 예심을 통과했던 제목들이다.

이러한 키치문화의 번성은 한국 포르노 문화의 저변확대는 물론 저렴한 가격으로 끓어오르는 성 에너지를 분출할 수 있는 민중의 배설구였다. 일본의 지성이라 불리는 작가 다치바나 다카시가 인터뷰어로 참여했던 책『스무 살, 젊은이에게 고함』을 살펴보자. 이 책의 첫 번째 인터뷰이는 릴리 프랭키라 불리는, 일본을 대표하는 자유주의자이다. 릴리 프랭키는 작가, 디자이너, 음악가, 사진가, 배우로 활동하면서 일본문화 전반을 아우르는 인물이다. 그는 인터뷰에서 인간활동에서 섹스를 제외한다면 존재할 이유가 없다는 주장을 펼친다. 모든 인간활동의 목적은 성 에너지의 분출을 위한 것이 되어야 한다는 게 그의 지론이다.

뒤로는 호박씨를 까든지 말든지 겉으로는 어깨에 힘주고 근엄한 기상을 뽐내야 직성이 풀리는 유교문화가 판을 치는 한국에서 포르노는 저속한, 음란한, 숨겨야 하는 존재에 속한다. 이렇게 음성적으로 자리 잡은 포르노 문화는 한국의 매춘산업을 강화시키는 촉매제가 된다. 배설은 해야 하는데 앞에서는 대놓고 하지 말라고들 닦달해댄다. 결국, 투입구와 배출구가 분리된 사회구조는 일탈의 악순환을 반복할 뿐이다.

신선한
삶이란
드러내는
삶이다

이제 한국의 포르노 문화는 몰카와 원조교제, 매춘산업으로 음성화되어 있다. 건강한 성 에너지의 분출구가 막혀버린 어른 아이들은 폭음, 폭식, 폭연, 히스테리 등 자기 파괴적인 생활습관을 영위할 수밖에 없다. 21세기를 살아가는 한국사회에 물어보자. 도대체 건강한 포르노 문화가 단 한 번이라도 존재했었는지 말이다. 억압의 일상화는 집단히스테리를 일으키는 주원인이다. 퇴로가 차단된 생명체는 인간, 동물을 막론하고 반발을 일으키기 마련이다. 경제난에 정치권의 불신만을 앵무새처럼 반복해봐야 답이 나오지 않는다. 지금이라도 늦지 않았다. 국민의 억압된 성욕을 제대로 발산할 수 있도록 포르노 문화를 정착시켜야 한다.

방법이 뭐냐고 묻는다면 주변국을 슬쩍 둘러보자. 간단히 답이 나온다. 독일처럼 매춘을 정당한 직업으로 삼든가, 미국처럼 포르노영화산업을 음지에서 양지로 끌어올리든가, 일본처럼 편의점에서도 편안하게 성인잡지를 판매하면 끝이다.

그렇게 한다고 독일이, 미국이, 일본이 로마처럼 무너지지 않았다. 그들을 성도착자나 정신이상자라고 손가락질하는 국가 또한 없다. 겉으로 독일이, 미국이, 일본이 선진국이니 뭐니 하면서 엉성하게 추종한다고 해서 고루한 문화가 달라지지 않는다. 누군가가 고양이 목에 방울을 달아줘야 한다. 이러한 포르노 문화를 주도할 수 있는 십자가를 질 만한 든든한 정부기관이 존재해야 한다.

우리에게 포르노를 허하라. 여기에서 말하는 '우리'는 한국의 굴절된 성문화에 짓눌린 모든 성인을 의미한다. 군이 프로이트의 무의식 이론을 들이밀 필요까지도 없다. 막힌 곳을 적시에 뚫어주는 게 배설의 자연스러운 흐름이다. 부탁이다. 대한민국 국민이 떳떳하고 당당하게 자신의 음수를 배출할 수 있는 포르노 문화를 허하라.

22

그림에
미친
남자

그렇다. 나는 그림에 미친 남자다. "누구의 작품을 좋아하시나요?"라는 질문을 지금까지 받아본 적은 없다. 기회가 된다면 이렇게 말하고 싶다. 우선, 다섯 명을 고르라면 파울 클레, 마크 로스코, 윌리엄 헌터, 르네 마그리트, 김환기가 되겠다. 조금 더 나아가면 에드워드 호퍼, 앙리 루소, 클로드 모네, 페르난도 보테로, 뱅크시, 조앤 미첼, 로저 딘, 장 미셸 바스키아, 이중섭, 박수근, 권대하, 최예태, 이우환, 박병춘, 김창열, 헉헉 일단 이 정도로 하자.

미술작품과 친해지는 법은 뜻밖에 간단하다. 튼튼한 두 다리와 작품에 대한 호기심 정도면 충분하다. 튼튼한 두 다리란 시간이 날 때마다, 아니 시간을 쪼개서 전시회에 발품을 팔 수 있는 열정이 있느냐는 것이다.

만원 남짓 하는 전시회 입장료는 아까워하면서 하루 저녁 술값이라면 마다치 않는 이라면 사절이다.

다음으로 작품에 대한 호기심이다. 세상에는 정말이지 별처럼 무수한 미술가가 존재한다. 유명한 화가가 너무 많아서 감상을 못하겠다는 변명은 집어치워라. 점심시간에 근처 서점에 들러서 닥치는 대로 미술책을 펴보는 거다.

이렇게 일 년 정도의 시간이 흐르면 구체적이지는 않아도 자신의 취향 비슷한 것이 생긴다. 적어도 구상이나 비구상 정도를 구별하는 시선이 생긴다는 말이다. 어차피 미술감상에 모범답안은 없다. 김홍도의 작품과 피카소의 작품을 점수로 환산해서 비교할 수는 없지 않은가. 그렇다고 해서 모든 그림이 다 똑같은 가치를 지닌다는 말 또한 어불성설이다.

미치려면
제대로
미쳐라

좋은 작품, 훌륭한 작품은 분명히 존재한다. 시간이 흐르고 흘러서 작가의 사후에 인정받는 작품이 있는가 하면, 동시대에 빛을 발하는 작품 또한 존재한다. 감상자의 입장이라면 어떤 작가든 상관없다. 일단, 무조건 많이 보고 느끼는 게 정답이다. 첫출발은 미술책에서부터 출발하자. 이렇게 보고 또 보다 보면 슬슬 소유욕이라는 놈이 등장한다. 무리하지 말고 미술책부터 구매하자. 시내 대형서점에 가면 만 원대에 판매하는 미술책 시리즈를 어렵지 않게 살 수 있다. 미술가의 생애와 철학, 인터뷰 기사와 함께 그림을 감상하다 보면 당시의 역사가 궁금해진다. 이게 바로 미술시다. 당시의 역사를 통해서 작가의 정신세계와 작품의 역사적 의미를 배우는 재미가 쏠쏠하다. 그림이 다르게 보이는 신기한 체험을 기대할 만하다.

이제 판을 키웠다. 적어도 그대는 초심자급의 미술애호가는 아니다. 조금 더 욕심을 내본다면 미술 관련 월간지를 구매할 수도 있다. 주말이면 반나절 정도 시간을 내서 인사동 거리를 돌아다니면서 다양한 전시회를 즐길 수도 있다. 인터넷을 꼼꼼하게 조회해서 좋아하는 작가의 전시회를 찾아다닐 수도 있다. 굳이 대학원이 아니면 어떤가. 시내 문화센터에서 주최하는 미술강의를 청강할 수도 있다. 이렇게 시간이 흐르고 흐르다 보면 작품에 대한 두 번째 욕심이 나오기 마련이다. 이제는 본격적으로 자신이 좋아하는 작가의 전시회를 찾아 나서야 한다. 어차피 작품당 수십억에서 수백억을 호가하는 유명작가의 작품을 구매하기란 쉽지 않다.

2014년 가을, 런던 테이트 브리튼 박물관과 내셔널 갤러리에서 윌리엄 헌터의 작품을 원 없이 감상할 기회를 잡았다. 다행히도 영국에서 윌리엄 헌터의 작품을 가장 많이 소장한 테이트 브리튼 박물관에서 '헌터 특별전'을 하고 있었다. 10년이라는 기다림 끝에 찾아낸, 미술애호가와 전설적인 인상화가와의 만남이었다.

두 번째로 2010년 겨울, 스위스 루체른에 있는 로젠가르트 미술관에서 만난 파울 클레의 작품들이었다. 함박눈이 쌓인 루체른 역에서 도보로 5분 남짓한 거리에 있는 로젠가르트 미술관은 은행건물을 고친 건물이었다. 그곳에서 미술관장과 간단한 대화를 나누고 파울 클레의 작품들을 오래도록 감상했다.

마크 로스코에 대한 기억은 조금 복잡하다. 나는 마크 로스코의 생애를 다룬 연극 〈레드〉를 동국대학교 인근의 이해랑예술극장과 예술의전당 토월극장에서 두 번 보았다. 이후 네덜란드에 배낭 여행할 기회가 있었다. 이틀간의 시간이 있는 상태여서 암스테르담과 헤이그 두 곳을 여행지로 정했다. 헤이그에는 스헤베닝언(Scheveningen) 해변이라는 지상 전동차로 15분 정도면 도착할 수 있는 멋진 해변이 있다. 성악가 마리아 칼라스와 록밴드 롤링 스톤스가 즐겨 찾았다는 스헤베닝언 해변을 보기 위해서 헤이그를 여행지로 정한 것이었다.

마침 이곳에서 마크 로스코의 전시회가 열리고 있었다. 다음 날 오전, 서둘러 전시회장에 갔건만 이게 웬일. 평일 오전인데도 엄청난 인파가 전시회를 보기 위해서 대기 중이었다. 30분 정도를 기다려야 전시회를 볼 수 있다는 안내원의 설명을 듣고 아쉬운 발걸음을 옮겨야만 했다. 오후에 한국에 돌아가는 비행기를 타야 했기 때문에 시간적인 여유가 많지 않았다. 기다림의 시간은 뜻밖에 길지 않았다. 2015년 봄에 마크 로스코 특별전이 예술의전당에서 열렸다.

그의 작품은 명상적인 분위기를 연출한다. 보면 볼수록 무엇인가에 빠져드는 기시감이 존재한다. 이제 남은 작가는 르네 마그리트, 조앤 미

첼, 에드워드 호퍼 정도가 되겠다. 늘 관심의 촉을 세워 놓아야 사랑하는
작품을 만나는 행운을 누릴 수 있다.

미술이란
보는
만큼
성장하는
법이다

예전에는 가벼이
여겼던 팝아트에 관한 관심도 적지 않다. 요즘은 홍대에서 뜨고 있는 태
국 팝아트 화가이 자품에 관심이 많다 이미 홍대 다복길에 있는 매장에
서는 그의 작품을 판매 중이다. 장점이라면 그의 복제작품을 저렴한 가
격에 구매할 수 있다는 거다. 말런 브랜도, 메릴린 먼로, 커트 코베인, 배
트맨, 스파이더맨, 마징가 제트 등 대중문화 콘텐츠의 주인공들이 작가
의 그림소재로 등장한다. 나는 액션배우 이소룡의 작품을 구매했다. 그
림에는 영화 〈사망유희〉에서 등장했던 이소룡의 멋진 모습이 등장한다.
"Showing off is the fool's idea of glory."라는 이소룡의 명언이 검은색 배
경의 그림 오른쪽에 새겨져 있다.

미술은 음악과 달리 형체가 존재하는 예술에 속한다. 추상화의 경우,
작품을 감상할 때마다 색다른 재미를 만끽할 수도 있다. 화가 잭슨 폴록

146

은 인터뷰에서 '자신의 작품에 대해서 설명하는 것은 의미가 없다.'라는 말을 남겼다. 어차피 작품에 대한 느낌은 개인마다 다르다. 그 느낌이 쌓이고 쌓여 자신만의 취향과 세계가 만들어지는 거다.

스페인 작가 세르반테스가 말했듯이 로마는 하루아침에 이루어지지 않았다. 마찬가지로 미술가들의 작품성향 또한 하루아침에 이루어지지 않는다. 이 시점에서 미술감상을 통한 인생의 재건축을 권해 본다. 피카소가 말했듯이 예술가는 정치적인 존재인 동시에 기쁨에 공감할 줄 알고, 자기 방식대로 세상을 만들어내기도 하는 존재다. 그대 또한 다르지 않다.

23

고독한
기타맨

무엇인가 제대로
꽂히면 끝장을 봐야 직성이 풀리는 중독증상은 만화책이라고 예외가 될
수 없다. 이러한 중독성향은 독서의 경우, 전작주의자의 색깔을 띠기 마련
이다. 그렇다면 전작주의자란 무엇일까. 책『전작주의자의 꿈』을 저술했
던 조희봉은 전작주의자란 한 작가의 모든 작품을 통해 한결같이 흐르는
흐름은 물론 심지어 작가 자신조차 알지 못했던 징후의 흐름까지 짚어 내
면서 총체적인 작품세계에 대한 통시, 공시적 분석을 통해 그 작가와 그
의 작품세계가 당대적으로 어떤 의미가 있는지를 찾아내고 그러한 작가
의 세계를 자신의 세계로 온전히 받아들이고자 하는 일정한 시선을 의미
한다고 설명하고 있다.

실제 조희봉은 『이윤기의 그리스 로마 신화』 시리즈로 알려진 이윤기 작가의 작품에 대한 전작주의자였다. 그가 헌책방을 전전하며 모은 백여 권에 달하는 이윤기의 책들은 작가 자신도 기억하지 못하는 번역서까지 포함한 광대한 목록이었다. 그는 자신의 결혼식 때 이윤기에게 주례를 부탁한다. 실로 대단한 전작주의자이자 책 중독자가 아닌가 싶다.

그는
이인자가
아니었다

만화가 허영만의 작품을 모으는 게 취미였다. 허영만은 이현세 작가의 전성시대 시절, 이인자의 자리를 꿋꿋이 지키던 고독한 만화가였다. 허영만 작가의 황금기는 지금까지 계속되지만, 본격적인 전성기는 공장형 만화에서 탈출한 1990년대가 아닌가 싶다. 지금이야 스마트폰으로 어디에서나 웹툰을 즐기는 시대라지만 당시 활동했던 만화가는 대본소를 매개로 한 작품활동이 전부였다. 앞에서 말하는 공장형 만화란 작가의 이름을 빌려서 적게는 수명, 많게는 수십 명의 문하생이 그림을 대작하는 일종의 다품종 대량생산 형태의 만화 시스템을 의미한다.

허영만은 1980년대 초반까지만 해도 야구와 권투만화를 주로 연재했다. 그중에서 주목할 만한 작품이라면 역시 『각시탈(1975)』을 빼놓을 수 없다. 이는 주원과 신현준이 등장하는 드라마로도 2012년 제작되었다. 허영만은 노력하는 작가다. 『담배 한 개비(1985)』, 『퇴역전선(1986)』, 『카멜레온의 시(1986)』, 『오! 한강(1987)』, 『벽(1988)』, 『황금산장(1989)』, 『허슬러(1989)』, 『48+1(1989)』, 『청동미르(1989)』, 『블랙 홀(1990)』, 『화이트 홀(1990)』, 『미로학습(1990)』, 『아스팔트의 사나이(1991)』, 『굿바이 아메리카(1992)』, 『미스터Q(1993)』, 『비트(1994)』, 『오늘은 마요일(1994)』, 『세일즈맨(1995)』, 『킹메이커(1996)』, 『안개꽃 카페(1997)』, 『짜장면(1998)』, 『타짜(2000)』, 『살라망드르(2000)』, 『사랑해(2000)』에 이르기까지 정밀한 묘사와 다양한 직업군을 넘나드는 그의 작품들은 성인만화의 최고봉이자 별천지였다.

허영만 작가의 성공은 김세영이라는 천재 스토리작가의 활약과 철저한 자기관리 그리고 도박, 기업, 공상과학, 액션, 바둑, 골프, 경마, 자동차 영업, 정치, 음악에 이르는 장르를 초월한 작가정신의 발로였다.

김세영 작가와 결별 후, 스스로 취재와 정보수집 및 줄거리를 완성한 대작 『식객』 시리즈를 통해서 이현세의 아성을 능가하는 한국 최고의 만화가로 발돋움한다. 그의 입지는 하루아침에 완성한 아성이 아니었다. 무려 40년간 수습생, 무명작가, 중견작가로서의 과정을 빠짐없이 거치면서 피나는 자기계발 과정의 결과가 현재의 허영만을 만든 셈이다.

무려 140여 편에 달하는 허영만의 만화 중에서 작품성을 들자면 『오! 한강』을 꼽을 수 있다. 2대에 걸친 민주화운동의 역사를 소재로 한 『오! 한강』의 존재가치는 군부독재가 판을 치던 1987년도에 출간되었다는 데에 있다. 줄거리 또한 영화로 제작해도 무리가 없을 만큼 짜임새가 있으며 등장인물의 갈등관계 또한 인기드라마 못지않게 감각적이고 치밀하다.

허영만에 대한 오마주를 담은 책『허영만표 만화와 환호하는 군중들』을 서재에서 꺼내 보았다. 그를 인터뷰했던 손상익 만화평론가에 의하면 허영만에게 만화란 생업이자, 재미이고, 즐겁게 세상을 사는 마술과도 같은 존재라고 표현한다. 또한, 허영만의 초기만화는 항일이라든가 민족사와 결부된 보편적인 역사인식을 바탕으로 했다면, 창작 중반기에는 정치 이데올로기 문제라든가 청소년의 사회적 위치와 갈등구조를 담아냈다. 창작 후반기에는 소재의 전문성 중심으로 허영만의 작품성향이 변화하고 있다고 말한다.

그는『식객』시리즈를 준비하면서 무려 2년 반이라는 시간을 투자한다. 돈보다는 작품성을 우선으로 생각하는 삶을 현실화한 것이었다. 그는 전국을 순회하면서 직접 음식 맛을 확인하고, 요리사를 인터뷰하고, 데생 거리를 촬영하는 만화가라는 1인 4역의 역할을 소화했다. 무엇보다 1986년부터 같이 작업했던 김세영 스토리작가가 부재한 상황에서 완성도 높은 줄거리와 음식과 결합하는 데 성공한다. 만화가로서 그림실력과 취재 및 촬영능력, 게다가 짜임새 있는 줄거리에 이르기까지 일인다역을 해낸 것이었다.

살아남은
자의
기쁨

글을 쓰면서 오래전
부터 수집한 허영만의 만화책을 찾아보았다. 90여 권에 달하는 그의 작품
들이 만화책을 모아놓은 책장 아래 칸을 든든하게 지키고 있었다. 이 중
에서 『타짜』와 『식객』을 제외하고는 모두 절판된 책들이다. 아쉬운 점이
라면 1987에 나왔던 음악만화 『고독한 기타맨』을 구하지 못했다는 거다.
5년 전에 『고독한 기타맨』 시리즈를 구할 기회가 있었다. 종로의 헌책방
에서였는데 책 상태가 너무 좋지 않았다. 아무리 중고책이라도 훼손상태
가 심하다 보니 고민 끝에 구매를 포기했다.

1987년 여름이었던가 『고독한 기타맨』 시리즈는 관철동에 있는 만
화방에서 반나절 만에 전권을 읽은 기억이 있다. 장르만화의 대가답게
『고독한 기타맨』은 최고의 음악가를 꿈꾸는 주인공의 음악인생을 다룬
책이었다. 밥 딜런, 캣 스티븐스, 맨프레드 맨스 어스 밴드, 핑크 프로이
트, 레드 제플린 등 1970년대를 주름잡았던 전설적인 록그룹과 포크뮤
지션이 총망라된 음악마니아용 만화였다. 언젠가 『고독한 기타맨』을 포
함한 허영만의 중반기 작품들이 양질의 만화책으로 다시 나오는 날을
기대해 본다.

소나무처럼 변화와 시련에 견딜 줄 아는 사람만이 살아남는다는 지론
을 가지고 있는 작가. 과장된 이야기보다는 주변에 널려 있는 생생한 이

야기, 가지지 못한 자가 살아가는 이야기를 현실감 있게 그려내고 싶다는 작가. 살면서 가장 중요한 것은 자기 자신을 돌아다볼 수 있는 시간이며, 기회가 있을 때 마구 흥청대는 사람은 결코 살아남지 못한다고 힘주어 말하는 작가. 능력의 차이란 존재하지 않으며, 사람마다 자신의 능력을 키우는 방법상의 차이 탓에 우열이 가려진다고 믿는 작가. 나는 그를 '한국 만화사를 대표하는 노력형 만화중독자'라 칭하고 싶다.

24

사람중독

세상에는 여러 가지 중독이 존재한다. 이 책에서 말하는 중독은 건강한 중독, 자아를 무장해제시키는 독성을 지닌 중독이 아닌 흔들리는 자아에 산소호흡기를 달아주는 도우미로서의 중독을 의미한다. 많고 많은 종류의 중독 중에서 첫째라면 사람중독이 아닐까 싶다.

나이를 먹을수록 사고의 폭은 넓어지고, 자질구레한 경험의 흔적들이 차곡차곡 늘어만 간다. 이를 비웃듯이 현실은 내게 눈앞에 닥친 일들에 몰두하라고 닦달을 해댄다. 어쩔 수 없이 타자에 관한 관심을 기억 저편에 묻어두는 악습이 반복되고는 한다. '사람 사는 세상에서 사람보다 소중한 게 있을까?'라는 말을 내뱉는 행위는 어렵지 않다. 하지만 이를 마음에 담고 실천에 옮기기란 절대 쉽지 않다.

띄엄띄엄 생각해보니 사람중독에 한없이 휘둘리던 매우 어려웠던 시절이 떠오른다. 십 대 시절, 가장 커다란 영향력을 준 존재는 봉신이라는 친구였다. 성장소설『사라진 계절』을 통해서 봉신이에 대한 추억을 되살려 보았다. 다음은 소설『사라진 계절』에 등장했던 작은 문장들이다.

信. 잘 지냈니. 이제야 너의 빛나는 외자 이름을 물기를 머금은 손끝으로 적어 본다. 너는 이곳의 소식이 무척이나 궁금하겠지. 서울은 네가 살고 있는 곳처럼 차갑고 쌀쌀한 기운이 감돌고 있어. 내 직장이 위치한 시청 지하철역 주변의 길가엔 부스러진 낙엽의 잔해들이 가을의 마지막임을 선연하게 알려 주고 있어.

넌 서울의 겨울을 무척이나 좋아했지. 추운 날씨가 찾아오면 너는 언제나 한 잔의 소주가 생각난다고 내게 말하곤 했어. 눈을 감은 채로 투명한 소주를 입가에 천천히 털어 넣는 네 모습이 무척이나 그리워지네. 잠깐, 사무실 책상 위에 놓인 탁상시계를 보니 벌써 퇴근 무렵이 되었네. 창가 너머 직장인 무리로 보이는 행인들의 모습이 보여. 그들은 월급쟁이로서 수명이 다해가고 있는 자신들의 처지를 비관한 듯, 하나같이 어두운 표정들이야. (중략)

信. 이제 그 가을을 말할 차례야. 내 희뿌연 삶의 중심에 서 있던 너와의 재회. 우리의 만남은 우연한 기회에 이루어졌지. 대입 학력고사를 불과 2개월을 앞두었던 가을, 나는 점심시간에 학교 벤치에 앉아있던 너를 우연히 만났어. 너의 왼쪽 손목에는 시계 대신 흰색 붕대가 단단히 감겨 있었어. 나는 머뭇거림 없이 이유를 물었지. 너는 잠시 생각에 잠기더니 답변 대신 돌아오는 토요일에 술이나 한잔하자는 말을 던졌어. 나는 마침 추석 때 친지들한테서 받았던 용돈을 그대로 가지고 있었던 터라 흔쾌히 네 제안을 받아들였지.

토요일 오후의 신촌 거리는 대학 특유의 활기와 낭만은 간데없고 회색빛 최루탄 연기만이 자욱했어. 우리는 연세대학교 근처에 있는 넓은 민속주점에 일찌감치 자리를 잡았지. 그곳에서 우리는 정말 많은 이야기를 나누었어. 우리가 볼 수 있었던 세상과 우리가 볼 수 없는, 하지만 결국 봐야만 하는 감추어진 세상의 진실에 대해서 말이야.

너는 술이 한참이나 들어가자 손목에 둘러놓은 붕대의 정체에 대해서 조심스레 말을 꺼냈어. 네가 진심으로 좋아했던 사람이 있었다고. 하지만 그 믿음과 사랑이 끄니졌고, 앞으로 다시는 자신의 마음을 그대로 내보이는 실수를 하지 않겠다는 다짐을 했다고 고백했어. 너는 그 결심을 잊지 않기 위해 부모가 내려준 소중한 육체에 담뱃불 자국을 새겼다고 괴로워했지.

19세의 눈으로 바라보았던 세상. 그건 우리가 학교에 배웠던 지식으로만 감당하기엔 너무나 많은 모순과 상처가 뒤덮인 일종의 미로 같았지. 하지만 너는 변함없이 나의 소중한 친구였어. 세상과 타협하지 못한 채 방황하는 너의 모습을 마주하면서 나 또한 변할 수밖에 없었다는 사실을 알고 있는지. (중략)

친구. 이번 주말에는 정말 오랜만에 마음껏 웃으면서 술잔을 부딪쳐 보자고. 내 삶을 짓누르던 일상도, 네가 그토록 염원했던 세상에 대한 슬픔도 다 잊은 채로 말이야. 변하지 않으면 살아갈 수 없는 세상. 변화하는 모든 것들에 대한 적응만이 해답이라는 강박관념에서 벗어나 내가 소리 높여 외치고 싶었던 마음의 소리를 너에게 들려줄게. 벌써 자정이 넘어 버렸군. 이제는 나도 귀가해서 잠을 청해야 할 시간이야. 고마워. 나의 길었던 이야기를 변함없이 묵묵히 들어줘서.

信. 네가 오래전에 내게 보냈던 편지의 마지막 구절을 떠올리면서 이만 마칠까 하네.

"외롭지 말자.

자기 자신을 속이지 말자.

그리고 사랑하자.

친구에게 행운만이 따르기를."

어느 인텔리겐치아 백수 건달의 고백

실제 소설에서는 극적인 효과를 높이기 위해서 친구를 죽음으로 몰고 가는 만행(?)을 저질렀다. 봉신이를 마지막으로 만난 지 십 년이라는 시간이 흘렀다. 마지막으로 봉신이를 만난 계절은 녀석이 제일 좋아한다는 겨울이었다. 녀석은 내가 근무하던 논현역 근처의 술집으로 유령처럼 찾아왔다. 봉신이는 변함없이 자본주의의 폐해와 시대의 우울함에 대해서 토로했다.

무슨 악감정이었을까. 그날 따라 난 녀석의 말을 순순히 들어주지 않았다. 핑계를 대자면 마음에 여유가 없었던, 심하게 외롭던 시절이 아니었나 싶다. 삶이 비굴해지면 시선은 좁아지고 방어적이 되기 마련이다. 봉신이는 내 마음의 불안을 읽지 못했던 거다. 고등학교 시절처럼 상대방의 의식의 흐름을 따라잡지 못하고 있었던 거다. 그건 누구의 탓도 아니다. 그냥, 서로가 다른 세계 속에서 호흡하고 있기 때문이 아닐까.

술자리의 취기가 채 돌기도 전에 녀석에게 선방을 날렸다. 그렇게 손가락질하는 비뚤어진 세상 속에서 네가 무의식중에 누리는 현실을 직시하라고. 너의 순수한 피와 땀으로 세상을 헤쳐나가고 있다고 착각하지 말라고. 너야말로 자본의 혜택을 톡톡히 본 인텔리겐치아(Intelligentsia) 백수건달이 아닌지 반성하라고 말했다. 너의 무능함을 교묘하게 사회제도 탓으로 돌리고 있지는 않은지 재고해보라고 목소리를 높였던 것 같다.

우리의 어지러운 술자리는 제대로 시작도 하기 전에 끝을 보았다. 녀석의 뒷모습을 등지고 강남 길바닥을 헤맸다. 내가 무슨 말을 했는지, 녀석이 왜 내게 화를 냈는지, 알고 싶지 않았고 이해하려 들지도 않았다. 그날 따라 나도 녀석과 다를 바 없는 사회 부적응자의 한 명이라는 사실이 부끄럽고 싫었다.

　사회라는 테두리 속에서 이탈한 자의 외로움과 불안함이 녀석에 대한 공격성으로 표출되었다는 사실을 깨닫게 된 것은 그로부터 한참이 지나서였다. 상처를 지우는데 무려 5년이라는 시간이 필요했다. 녀석은 아직도 나로 말미암은 마음의 상처를 품고 지낼까, 아니면 학생 시절처럼 넉넉한 미소를 지으면서 나를 용서해줄까. 아마도 후자가 아닐까 싶다. 아니 반드시 후자였으면 좋겠다.

감정불구자가 사는 세상

　　　　　　　사람중독. 나는 이제 쉽사리 사람에 중독되지 못하는 감정불구자가 되었다. 이제는 누구를 만나도 감정의 껍데기에서 맴도는 일이 허다하다. 팍팍한 세상을 살다 보면 다들 그렇게 된다는 핑계는 접고 싶다. 사람 때문에 피로해지고, 귀찮아지고, 서운해질 때마다 마음의 방어막을 겹겹이 두른 채 살고 있었던 것은 아닐까.

　그 방어막을 거두는 순간, 마치 세상이 두 쪽이 나버릴지 모른다는 정체불명의 위기의식 발로로 잊고 사는데 익숙해진 것은 아닐까. 사람보다는 물질의 혜택에 중독되어 냉혈인간의 모습으로 중무장해버린 것은 아닐까. 자신의 미래를 위해 질주하느라 소중한 인연들은 스스로 떠나보낸 것은 아닐까.

늦었지만 다시 사람중독에 빠지고 싶다. 그 끝이 보이지 않더라도 고민하고 싶시 않다. 내가 움겨쥔 소소한 가치들을 힘껏 내던져버리고 말이다. 용기도, 배짱도 필요 없다. 오래전 품고 살았던 마음 하나면 충분하지 않을까. 당장 오늘부터라도 타인들의 눈을 제대로 쳐다보아야겠다. 그 속에서 스스로 지워버렸던 온기를 되찾고 싶다. 그 열쇠의 이름은 다름 아닌 사람중독이다.

25

최고의
음식

나는 미식가가 아니
다. 먹을 줄 아는 음식 또한 그리 많지 않다. 편식가란 모나고 피곤한 성
정을 가진 사람이라는 주장에 대해서도 일부 인정한다. 그럼에도 냄새만
맡아도 속이 뒤집어지는 먹기 싫은 음식들을 어찌하랴. 다시 말하지만 난
미식가는커녕 편식가에 가깝다. 그렇다고 식욕이 남들보다 떨어지는 편
은 절대 아니다. 이미 〈식신의 전설〉 편에서 확인했을 것이다.

놀라지들 마시라. 보신탕, 뱀, 닭발, 삼합, 순대, 곱창전골, 돼지국밥,
내장탕. 나는 이것들을 먹지 못한다. 일부 시도해보았지만, 도저히 세 번
이상 수저를 대기가 고통스럽더라. 어쩔 수 없이 대충 씹다 삼키기를 반
복하다 다시 먹기를 포기한 저주받은 음식들이다.

속된 말로 내 입맛은 자칭타칭 삼류입맛이다. 다시 말해서 애들이 좋아하는 소시지, 감자튀김, 햄버거, 군만두, 짜장면, 어묵, 치킨류에 속하는 미식과는 거리가 먼 음식들을 즐긴다는 거다. 여기에 분식집에 가면 쉽게 주문할 수 있는 한식거리를 추가한다.

이번 장에서는 일본만화 『맛의 달인』 시리즈에서 다루는 최고의 음식을 다루어볼까 한다. '최고의 음식'이라 이는 가장 비싼 음식을 말하는 것도 아니며, 음식 한 끼를 먹기 위해서 온갖 좋은 재료들을 공수해와야만 먹을까 말까 한 음식을 의미하는 것도 아니다. 최고의 음식이란 적당한 가격대에, 편하게 방문할 만한 장소에서, 적당히 먹어도 최고의 맛을 느낄 수 있는, 그런 음식이 아닌가 싶다.

최고의
맛을
찾아서

우선 타지에서 지내면서 떠올랐던 추억의 음식이 있을 것이다. 보스턴에서 어학연수 코스를 공부하던 시절이 있었다. 운 좋게 회사에서 두 명을 선발하는 연수과정에 합격한 것이었다. 그런데 보스턴에는 한인타운이 없더라. 기숙사 음식이 먹을 만해서 그런지 2달 정도는 미국 음식으로 그럭저럭 버텼다. 하지만 예전 입맛이 어디 가랴. 슬슬 한국음식이 그리워지기 시작했다. 생각만 해도 침이 고이고 머릿속이 아득해졌다.

할 수 없이 캠퍼스에서 가까운 한국음식점을 찾았다. 대학교 휴학 중이던 한국인 어학연수생과 음식점을 방문했다. 자아, 메뉴판을 볼까. '컥. 된장찌개가 2만 원이네.' 참고로 이 메뉴판은 15년 전 버전이다. 잠시 고민의 시간을 거쳐 20여 가지 한식 메뉴 중에서 김치찌개를 골랐다. 가격은 된장찌개와 비슷했다. 우리는 신 나게 땀을 흘리면서 밥 네 공기에 김치찌개 이 인분을 순식간에 먹어 치웠다. 2개월 동안 뜨겁고 매운 음식을 소화해본 적이 없던 가여운 위장이 비상벨을 누른다. 식후 한 시간 만에 화장실을 들락거리다 탈진한 몸으로 침대로 직행했다. 하지만 그날 저녁에 먹었던 김치찌개 국물의 감칠맛은 지금까지 잊을 수가 없다.

두 번째 최고의 음식은 올해부터 자주 먹기 시작한 회초밥이다. 내가 사는 홍대에는 수십 군데의 회초밥집이 성업 중이다. 회초밥은 점심때 가격이 저렴해진다. 따라서 주말이나 국경일 점심시간에 주로 회초밥집을 방문한다.

사실 유럽에서는 일본의 회초밥 문화를 반기지 않았다. 특히 미식가의 나라인 프랑스에서는 별다른 조미가 들어가지 않은 회초밥에 대해서 냉소적인 입장이었다. 회초밥은 고급음식류에 속하지 않는다는 태도였다. 일본의 경제력 때문인지 아니면 문화 강국으로서의 영향력 때문인지 전세는 역전된다. 세계 곳곳에 일본의 회초밥이 알려지기 시작한 것이다. 요새야 엔화약세에 경기불황으로 일본의 모양새가 예전 같지는 않다지만 부자가 망해도 삼 대가 이어진다고 하지 않던가. 여하튼 만 원 정도에 먹을 수 있는 회초밥 세트는 내게 고급음식임이 틀림없다.

세 번째 최고의 음식이라면 역시 소고기가 아닐까. 아무리 돼지고기 전성시대라고 해도 삼겹살보다는 소고기 꽃등심의 육질이 갑이라고 생각한다. 가격의 압박으로 회식자리에서도 소고기 안주는 쉽게 먹을 수 있는 메뉴가 아니다. 그렇다고 시도 때도 없이 한우 소고기를 사 먹기도 곤란하다. 게다가 집에서 구워 먹으면 음식점에서 매화수를 곁들여 먹는 감칠맛 나는 육질이 살아나지 않는다. 결국, 그냥 참고 안 먹는 게 제일 속 편하다. 이런 연유로 한우 등심구이는 어쩌다가 먹는 특별한 음식이다. 그 희소성 때문에 소고기 하면 한우 소고기이고, 한우 소고기는 역시 음식점 불판 위에서 술과 곁들여 먹는 것이 제맛이라는데 이견이 없다.

네 번째 음식을 들라면 중국음식이다. 외국에 가면 대부분 차이나타운이 있기 때문에 짜장면까지는 아니지만, 볶음밥 비슷한 음식을 접할 수 있다. 일본의 회요리보다는 저렴한 가격대에서 부담 없이 접할 수 있는 중국음식은 이미 세계인의 입맛을 휘어잡았다.

다행히도 홍대 근처에는 잘하는 중국음식점이 여럿 있다. 국물맛이 들쭉날쭉하지만 걸쭉한 짬뽕국물이 일품인 〈영빈루〉. 영빈루 마약짬뽕의 신화는 그냥 나온 것이 아니었다. 지난번에 방문했을 때에는 사정상 판매 보류 중이라고 해서 아쉬웠던 영빈루 군만두도 빼놓을 수 없다. 영빈루 군만두야말로 어린 시절 동네 중국집에서 먹었던 큼지막한 부추군만두의 전설을 그대로 살린 최고의 만두라고 평하고 싶다. 영빈루 형제가 운영하는 삼거리 포차 건물의 〈초마〉 또한 어마무시한 짬뽕의 내공을 뽐내지만 난 자리가 넓고 편한 영빈루를 선호한다.

　다음으로 마포 평생학습관 근처에 있는 〈홍콩짬뽕 체인점〉이다. 가격은 영빈루의 절반값이지만 맛에서는 나름 만족감을 주는 곳이다. 상수역 1번 출구를 따라 합정역 쪽으로 가다 보면 골목 안에 자리 잡고 있는 〈맛이 차이나〉 또한 추천할 만하다. 이곳의 바비큐 볶음밥의 고소한 뒷맛은 대단하다. 신라호텔 중식당에서 독립한 주방장이 운영하는 곳이라던데 작은 규모에도 손님들이 끊이지 않는 음식점이다. 매운 짬뽕이 그리운 이들에게는 〈홍대 교동짬뽕〉을 추천한다. 내가 가본 곳은 산울림 소극장 건너편 골목 안에 있는 곳이었다. 눈물 없이는 먹을 수 없는 진한 국물맛과 톡 쏘는 매운맛이 끝까지 입속을 괴롭힌다.

오늘도
침이
고인다

앞에서 소개한 식단들은 최고의 음식치고는 대부분 쉽게 찾을 수 있는 음식들이다. 친구 중에서 개인병원을 개업해서 나름 성공한 녀석이 있는데 비싸고 좋다는 음식들을 주말마다 부지런히 찾아다니면서 먹어보았나 보다. 그런 식객 생활을 십여 년간 반복한 끝에 결론을 얻었다고 하기에 무엇이느냐고 물었더니 대답이 일품이더라. 녀석의 말에 의하면 뭐니뭐니해도 매운라면에 찬 공기밥을 푹푹 말아서 갓김치에 먹는 게 최고의 음식이라는 거다.

그동안 미식가이네 어쩌네 하면서 이런저런 희한한 요리들을 자랑하고 맛의 차이를 설명하려는 이들에게는 미안하지만 난 친구의 말에 공감하지 않을 수 없다. 최고의 음식이란 최고이기를 원하는 이들의 무한욕망과는 아무런 관계가 없기 때문이다. 그냥 먹어서 편하고 행복한 음식이 최고의 음식이 아니던가. 따라서 오늘 아침은 라면에 달걀을 넣어서 면발이 후들후들해질 정도로 푹 끓인 매큼한 식사를 해야겠다. 소설가 김애란의 작품 제목처럼, 침이 고인다. 꿀걱.

26

좋아하는
술집은
말이
없다

당신이 애주가라면 좋아하는 단골술집이 존재할 것이다. 안주가 맛있거나, 서비스가 출중하거나, 술값이 저렴하거나, 실내장식이 그럴듯하거나, 주인이 마음에 들거나, 틀어주는 음악이 죽이거나 등등이 단골술집을 선택하는 이유가 될 것이다.

내가 좋아하는 술집의 기준은 조금 복잡하다. 이를 설명하기 전에 평소 자주 들렀던 술집들을 떠올려 보자. 알다시피 스스로 세운 취향과 실제와는 미묘하거나 거대한 차이가 숨어있기 때문이다. 이런 현상을 '취향의 인지적 부조화'라고 정의하고 싶다.

자, 그럼 술집의 기억들을 차곡차곡 꺼내 보자. 고등학생 시절에는 이

대 근처의 막걸릿집에 자주 방문했다. 중학교에서 고등학교까지 6년 동안 학교에서 여학생이라고는 그림자조차 구경할 수 없었던 마초스러운 환경이 원인이 아닌가 싶다. 늘 여자들이 모여 사는 동네가 그리웠다. 그런 면에서 이화여대 부근은 세상 물정 모르는 청소년의 눈에는 파라다이스 자체였다. 돈이라고는 부모가 주는 용돈이 전부인지라 막걸리에 뻥튀기 기본안주라도 감지덕지하던 시절이었다.

술집의 선택기준은 주머니 사정과 정비례한다. 주머니가 두둑해지면 후암시장 골목에서 파는 어묵국과 파전을 안주 삼아 소주를 들이켰다. 주머니 사정이 여의치 않을 때면 학교 근처의 슈퍼에서 파는 강소주에 새우깡으로 끓어오르는 술기운을 잠재웠다. 가끔 돈이 많은 친구를 만나면 짬뽕에 군만두와 고량주를 섭취할 수 있었다. 그 정도가 내가 찾는 저렴하면서도 그럴싸한 학생 시절이 술집이었다.

나의
단골술집
답사기

대학 시절 제일 먼저 떠오르는 술집이라면 이름이 기억나지 않는 지하철 숙대입구역 근방의 파전집이다. 여기서 내놓는 해물파전의 바삭한 미감은 지금까지도 잊을 수 없다. 이곳에서 먹어치운 파전만 해도 족히 백 장은 넘지 않을까 싶다. 말 그대로 파전의 지존이라 불릴 만한 맛집이 아니었나 싶다. 이곳이 단골술집이었던 이유는 딱 한 가지다. 고소한 파전 안주와 달콤한 간장의 맛이었다.

신입사원 시절 자주 찾던 술집들은 한국관광공사 뒤편에 있는 먹자골목이었다. 아직도 골목을 지키고 있는 〈태성골뱅이〉의 커다란 병맥주와 골뱅이무침 그리고 계란말이(아쉽지만 지금은 안주 맛이 예전 같지 않다는), 〈장안문〉에서 제공하는 얇고 고소한 삼겹살과 철판볶음밥, 연한 생맥주와 튀김 안주가 제격이던 을지로입구역 지하 〈비어할레〉, 만두전골과 불고기가 일품이던 〈무슨무슨 면옥〉(이름이 생각나지 않는 면옥집), 오징어 안주가 맛나던 간판 없는 포장마차 등 매번 안주에 대한 고민을 깨끗이 날려주는 맛집들이었다. 결국, 20대 시절 술집의 선택기준은 첫째도, 둘째도, 안주 맛이 최우선이었다.

직장 회식 때마다 빠짐없이 나오는 주종은 국민주라 불리는 소주였다. 소주에서 시작해서 소주로 끝마치거나, 1차는 소주 2차는 맥주, 아니면 소주와 맥주를 섞은 폭탄주가 등장했다. 나이 서른 초반을 찍자 회식 때마다 빠짐없이 마시는 소주 맛이 슬슬 지겨워졌다. 그때부터 회사주변을 탈출하여 홍대 근방의 맥줏집을 사냥개처럼 돌아다녔다.

이후 직장생활과 병행하며 대학원에 다니던 시절에는 저녁수업을 마치고 6호선 상수역 4번 출구 근처의 〈힘쓸래 꼼장어〉를 자주 찾았다. 그곳은 산 꼼장어의 쫄깃한 맛과 드럼통 4개가 전부였던 아늑한 분위기, 말없이 손님을 맞아주는 주인아주머니의 편안함이 3박자를 이루는 최고의 술집이었다. 안타깝게 대학원을 졸업할 즈음해서 〈힘쓸래 꼼장어〉는 자취를 감춘다. 아마도 치솟는 임대료를 버티지 못하고 문을 닫은 게 아닌가 싶다.

요즘은 홍대입구 부근에 있는 〈노가리 천원〉이라는 술집을 자주 찾는다. 말 그대로 안주로 나오는 어른 손바닥 크기의 노가리 한 마리가 단돈 천 원에 나오는 술집이다. 마음만 먹으면 만 원 이내로 두 명이 생맥주와 노가리 안주를 즐길 수 있는 곳이다. 노가리의 감칠맛(내가 가본 일곱 군데의 노가릿집 중에서 최고의 육질을 자랑한다.)과 저렴한 가격 두 가지로 승부를 겨루는 곳이다. 프로야구팀 넥센을 좋아한다는 일하는 젊은이의 연예인 뺨치는 화술 또한 대박이라고 덧붙이고 싶다. 늘 반가운 목소리로 반기지만 그렇다고 지나치게 아는 척을 하지도 않는다. 난 이 정도의 거리 두기가 가장 부담이 없다. 쉽게 친해지는 사람들은 과정에서 생기는 기대 탓에 그만큼 쉽게 실망하는 일이 생긴다. 지나치게 손님에 대한 경계심이 강한 이들은 은연중에 상대방에 관한 관심 자체를 스스로 차단해버린다. 개인적으로 두 가지 타입 모두 비호감이다.

좋아하는
술집은
늘
말이 없다

여기까지 내가 자주 찾았던 술집의 변천사를 정리해보았다. 십 대 시절에는 무조건 저렴한 술집이 우선이었다. 이십 대 시절에는 안주 맛이 단골술집을 고르는 데 우선이었다. 삼십 대에는 회사 근처의 술집과 상사들이 원하는 술집이 곧 내가 들르는 술집이었다. 사십 대 이후부터는 홍대 부근의 술집 중에서 방문객을 적당히 모른 척 해주는, 그런 적당한 무관심이 부유하는 술집을 선호했다. 추가로 배경음악 또한 홍대답게 비트 있는 음악이 술술 나와주면 좋고. 이렇게, 삶이 변하면 좋아하는 술집도 함께 변한다.

이런저런 술집의 추억을 채워주던 재미있고 소중한 친구와 선후배들이 슬그머니 술자리를 떠나갔다. 내 독선과 이기로 인해 술자리에서 사라진 이들부터 특별한 이유도 없이 자취를 감춘 이들까지 사연 또한 다양하다. 다시 그들을 만날 수 있다면 그때 그 시절의 술집으로 돌아가 보고 싶다. 그곳에서 조심스럽게 술잔을 채워주고, 요란하지 않은 건배를 하고, 옅은 미소를 주고받으면서 우리만의 세상을 주고받고 싶다.

철학자 칸트는 다음과 같이 술에 대한 예찬론은 털어놓았다. "술은 입 속을 경쾌하게 한다. 그리고 술은 다시 마음속을 터놓게 한다. 이렇게 해서 술은 하나의 도덕적 성질, 즉 마음의 솔직함을 운반하는 물질이 된다." 라고 말이다.

여기까지는 술의 미학으로 부족함이 없다. 하지만 칸트의 어록에서는 술의 매력을 살려주는 장소에 대한 미학이 빠지지 않았나 싶다. 술은 언제나 좋은 사람, 좋은 장소에서 마셔야만 빛을 발한다. 세상에 아무리 맛있는 안주와 계절에 맞는 술과 적당한 가격이 어우러지더라도 소용이 없다. 술맛을 떨어뜨리지 않는 괜찮은 주인과 좋은 음악, 흥취를 살려주는 아늑한 공간이 받쳐주지 않는다면 술은 자체로서의 역사성을 상실한, 단지 취하기 위한 수단에 불과하다.

내가 좋아하는 술집은 늘 말이 없다. 그 침묵의 의미와 가치를 아는 자만이 진정으로 그 술집을 방문할 수 있는 자격이 있지 않을까 싶다. 눈이 부시게 푸른 날은 그리운 술집을 그리워하자. 그곳에는 오래전에 잊힌 자아와 꿈과 사랑이 이른 새벽 물안개처럼 피어나기 때문이다.

27

나는
말러리안입니다

클래식음악을

본격적으로 듣기 시작한 것은 대학 졸업반 무렵이었다. 때는 '응답하라
1990년' 초반이었다. 지금처럼 인터넷을 통해서 원하는 음악을 배불리 들
을 수 있는 환경이 아니었다. 다행히도 집에 아버지가 큰마음 먹고 사들
인 100장짜리 도이체 그라모폰(Deutsche Grammophon)사의 클래식 LP 전
집이 버티고 있었다. 덕분에 '브람스의 실내악에서는 말이지. 진한 원두
커피 향이 솔솔 풍기고 있더군.' 정도의 대화를 할 수 있게 되었다. 하지만
같은 시간이면 록이나 재즈음악을 듣고 싶었다. 어깨에 잔뜩 힘이 들어간
클래식음악은 항상 두 번째 순위로 밀려나 있었다.

그렇게 십여 년간 하염없이 재즈와 록, 포크, 블루스음악을 듣다 보니

어딘가 허전한 공간이 보이기 시작했다. 클래식은 그 공간을 채워줄 일종의 교양서적 같은 존재였다. 그때부터 4호선 혜화역 출구에 있는 바로크 음악사에서 베토벤의 첼로 소나타 음반을 사고, 로스트로포비치의 격정적인 첼로 소리에 취하고, 바흐의 무반주 첼로조곡을 열 명이 넘는 연주자별로 골라 듣는 재미를 알게 되었다.

그해 여름의 신촌거리

구스타프 말러 음악과의 첫 만남은 신촌 기차역 길에 있던 〈CTI 레코드〉라는 작고 아담한 중고음반점에서였다. CTI는 크리드 테일러라는 프로듀서가 세운 재즈 레이블이다. 스윙(Swing), 비밥(Bebop), 포스트밥(Post Bop), 하드밥(Hard Bop)에 이르는 재즈 장르가 1970년대 들어 록과 클래식음악이 융합하는 현상이 벌어진다. 이러한 '사운드 융합' 조류에 힘입어 재즈리듬에 현악연주가 무대조명처럼 받쳐주는 음악이 바로 CTI의 정신이었다. 신촌 〈CTI 레코드〉를 지나다 보면 가수 한영애가 자리를 지키고 있던 풍경을 몇 번인가 보았던 기억이 새롭다.

초여름 무렵이었나 보다. 신촌의 카페 겸 레코드 가게에서 로저 워터스의 솔로 음반을 사 들고 〈CTI 레코드〉를 지나는 순간, 귀청을 자극하는 불협화음이 불청객처럼 들려 왔다. 궁금증을 못 이겨 가게로 들어서자 주인아저씨는 멋진 디자인을 한 레코드 표지를 들고 맛있게 도라지 담배를 태우고 있었다.

그제야 난 음악의 주인공이 작곡가 말러라는 사실을 듣게 되었고, 지휘자는 말러의 친구이자 제자로 알려진 부르노 발터(Bruno Walter)에 이어 전 세계에 본격적인 말러 붐을 일으킨 레너드 번스타인(Leonard Bernstein)이라는 것을 알았으며, 음반의 제작사는 클래식 음반업계의 맹주인 도이체 그라모폰이라는 사실까지 덤으로 인지하게 되었다. 하지만 내게 말러는 너무나도 높고 단단한 벽이었다. 무엇보다 음울하기 짝이 없는 기괴한 선율이 활화산처럼 쏟아지는 번스타인의 말러 교향곡을 이해할 수 없었다. '이건 우울증 환자를 위한 음악이 아니던가. 다시는 말러를 들을 일은 없겠지.'라는 씁쓸한 생각을 하면서 조용히 가게를 떠났다.

그렇게 세월은 흘러 신촌지역에 포진했던 열 개에 가까운 음반점들이 〈향음악사〉를 제외하고 모두 사라질 즈음, 다시 말러를 듣게 되었다. 본격적으로 클래식 음반 전집을 사 모으기 시작하던 2000년대 후반이었다. 때는 LP의 전성시대가 사라지고 CD의 아성마저 흔들리기 시작하던 우울의 시대였다. 음반사들은 미친 듯이 저렴한 가격에 수십 장에 달하는 음악가의 작품을 CD 세트로 팔기 시작했다. 나는 인터넷 판매가보다 30% 이상 저렴한 클래식 CD 세트를 개인판매상으로부터 하나둘씩 사들였다.

그렇게 모은 작곡가, 연주자, 지휘자의 클래식 CD 전집이 100여 세트에 달할 즈음 말러의 전집 CD로 눈을 돌릴 수 있었다. 예전의 기억을 되살려 번스타인의 말러 전집을 먼저 샀다. 그런데 웬걸, 여전히 번스타인의 말러는 매력적이지 않았다. 주정주의(Emotionalism, 主情主義) 스타일의 음악을 추구하는 번스타인의 해석이 내겐 불편한 소리로 다가올 뿐이었다.

175

세월은 번스타인을 용서하지 않았다. '다시 말러를 포기해야 하나?' 하는 아쉬움이 뇌리에서 사라지지를 않았다.

그렇게 번스타인과 두 번째 아쉬운 작별을 하고, 다시 용기를 내서 베를린 필의 지휘자였던 클라우디오 아바도(Claudio Abbado)의 말러 전집을 질렀다. 이게 웬일인가. 똑같은 말러가 이렇게도 다르게 다가오다니 이건 한마디로 전율이었다.

누군가 아바도의 음악은 '한 폭의 수채화 같다.'라고 말한 적이 있다. 나는 그 표현이 아바도의 색깔을 최고로 잘 설명한 문구라고 인정하고 싶다. 아바도의 개성은 카라얀처럼 현란한 현의 소리를 재현하지도 않으며, 아르투로 토스카니니(Arturo Toscanini)처럼 격정적으로 오케스트라를 휘몰아치지도 않는다. 밀라노 출신의 지휘자 아바도는 그저 조용하고 담담하게 작은 밝겸윤으로 악상을 이끌어 나간다. 텅 빈 공간에서 배경색을 칠하지 않은, 한 폭의 동양화 같은 음악이 바로 마에스트로 아바도의 소리이다. 아바도를 통해서 정신 분열적인 말러가 아닌, 마음의 평화와 사랑을 속삭이는 말러를 읽었다.

봉 박사의 말러 음악 순례기

이 정도로 말러를 알

기에는 아쉬움이 남았다. 이번에는 비교적 교과서적인 말러를 들려주는 지휘자 가리 베르티니(Gary Bertini)의 전집을 골랐다. 베르티니는 아바도의 현대적인 해석과 번스타인의 정열적인 말러의 중간자적 위치에 속한, 말쑥한 정장신사의 모습을 한 말러를 선보인다. 너무나 점잖아서 오히려 말러의 색깔을 스스로 지워버렸다는 혹평을 받기도 하지만 난 베르티니의 정갈한 말러 또한 아바도와 함께 즐겨 듣는다.

독일 베를린 필하모닉 상임 지휘자 사이먼 래틀(Simon Rattle)의 말러는 경쾌하면서도 진취적이다. 점잔빼지 않고 가벼운 발걸음으로 말러의 재림을 노래하는 사이먼 래틀. 그가 해석하는 말러는 아직 음악전문가들에게 높은 점수를 받고 있지는 않다. 아직 사이먼 래틀은 도전하는 지휘자, 패기 넘치는 지휘자로 존재한다.

카라얀의 후계자였던 미국의 지휘자 제임스 러바인(James Levine)이 지휘하는 말러는 국내에 소개된 말러 전집 중에서 가장 부담 없는 가격으로 접할 수 있다. 레바인의 음악은 뭐랄까, 커다란 용기 속에서 작은 음식물을 조금씩 만들어내는 소박한 말러이다. 전반적으로 평균치에 달하는 말러를 보여주지만 듣고 나면 기억에 남을 만한 악장이 없다는 게 흠이다.

정명훈이 지휘하는 말러는 예술의전당에서 4번, 5번, 6번, 9번 교향곡을 직접 감상할 수 있었다. 특히 9번 교향곡을 보기 위해서 오른쪽 맨 앞 자리를 예약했을 때가 기억난다. 그날 내 옆에는 음악가 신해철이 있었다는! 교향곡을 마칠 때까지 고개를 숙인 채 음악에 몰두하던 신해철의 모습이 떠오른다. 악보 없이 90분이 넘는 말러를 지휘하던 지휘자 정명훈의 살기등등한 에너지가 생생하게 객석으로 다가오는, 죽음을 의미하는 9번 교향곡의 장중함을 멋지게 살려냈다고 평하고 싶다.

정명훈은 인터뷰에서 앞으로 더욱 느린 템포의 말러를 보여주겠다고 사자후를 내뿜는다. 느린 템포의 연주는 자칫하면 음악의 흐름을 늘어뜨리는 폭탄이 될 수도 있다. 하지만 느리다는 것은 찬찬히 세상과 꿈의 대화를 나눌 수 있는 훌륭한 소통방식이기도 하다.

내
인생의
마지막
말러
음악

마지막으로 추천하는 말러는 수년간 기다리고 기다리던 피에르 불레즈(Pierre Boulez)의 도이체 그라모폰 전집이다. 현대음악 스페셜리스트인 피에르 불레즈는 철저하게 감성이 배제된 차갑고도 지적인 말러를 선보이고 있다. 감정의 극한으로 치닫는 번스타인의 말러에 비하면 최소주의의 분위기를 물씬 풍기는 불레즈의 말러에 거부감을 느끼는 이도 적지 않을 듯하다.

그럼에도 불레즈의 말러에 높은 점수를 주고 싶다. 이미 다양한 해석이 판을 치는 말러의 음악을 새롭게 재단했다는 것만으로도 불레즈는 훌륭한 말러 스페셜리스트다.

　나는 말러리안인가. 무조건 그렇다고 말하고 싶다. 말러의 음악에는 종교에 천착하고자 하는 바흐의 엄숙함도, 통통 튀는 음악적 아이디어의 각축장에 가까운 모차르트의 천부적 재능도, 미학주의를 추구하는 쇼팽의 감상을 초월하는 '무엇'이 존재한다.

　이는 인간의 희로애락, 즉 하루에 수십 번씩 천당과 지옥을 오가는 감정의 롤러코스터를 보여주고 있는 것이다. 그러한 반복적 음향 메커니즘이 커다란 뫼비우스의 띠로 화할 때, 비로소 말러의 음악은 인간의 생의 종점에 치닫는다. 따라서 말러의 음악은 너무도 인간적인, 인간적이다 못해 인간의 치부와 희망을 거부하는 선의의 노출주의자 음악이라 말하고 싶다.

28

밥
제임스의
추억

사용하는 이메일 아이디는 밥 제임스(Bob James)다. 처음으로 이 메일 계정을 만들었던 시절이라 다행히도 이 사람의 아이디가 남아 있더라. 밥 제임스는 건반악기를 다루는 재즈연주자다. 고등학교 3학년 시절, 하루에 정확히 두 갑의 담배를 피워대는 친구네 집에서 밥 제임스를 알게 되었다. 〈택시(Taxi)〉라는 사운드트랙 음반이었는데, 음악에 대한 첫 느낌은 그냥 그랬다. 자세히 말하자면 느끼하고 시시했다. 그렇게 밥 제임스는 기억 저편에 묻어놓은 음악가였다.

두 번째로 밥 제임스와 만나게 된 것은 대학 1학년 여름방학이었다. 당시 광화문은 명실공히 대한민국 음악의 1번지였다. 종로통을 지나 신문로 길 왼편에는 〈광명사〉라는 중고 LP 음반점이 있었다. '올리버'라는 별명을 가진 주인아저씨는 올디스(Oldies) 계열의 음반을 팔았다. 여기서 우측으로 육교 계단을 내려가면 라이선스 음반을 팔던 〈박지영 레코드〉가 보였다.

서울 역사문화박물관 길을 지나 병원 방향으로 걷다 보면 오른편에 〈디스크 9〉이라는 작지만 그럴듯한 음반점인 레코드 컬렉션이 있었다. 람보 머리를 한 덩치 큰 아저씨가 가게의 주인이었다. 이 양반은 주로 일본에서 LP를 공수해왔는데, 1970년대 록음악 위주로 판매했다. 가격은 다른 음반점보다 무조건 비쌌다. 가격의 압박에도 좋은 음반이 많다 보니 자주 들르는 가게였다. 돈이 모이면 고민에 고민을 거듭하여 블루스나 사이키델릭 음반을 한두 장씩 샀던 가게가 〈디스크 9〉이었다.

〈디스크 9〉에서 다시 광화문사거리 방향으로 진입하면 골목 안쪽에 간판이 없는 레코드 도매상이 있었다. 여기는 일반 음반점보다 저렴한 가격에 라이선스 음반을 팔았다. 나 같은 뜨내기보다 음반소매상들이 즐겨 찾던 장소였다. 직원들이 늘 바쁘게 음반 상자를 날랐고, 처음 보는 사람들이 음반 더미를 차에 싣고 있었다.

광화문
동네의
황금시대

문사로 올라가면 근처에 〈메카〉라는 음반점이 버티고 있었다. 그곳에 가면 음악방송 DJ로 활동하던 전영혁을 만날 수 있었다. 그는 〈메카〉에서 음반을 구매하거나 빌려서 음악을 틀었다. 광화문에서 가장 음반을 많이 산 곳이 바로 메카였다. 〈메카〉는 주로 소울이나 재즈음반을 취급했다. 콧수염을 기른 작달막한 아저씨가 주인이었는데 에누리를 잘 안 해줘서 같이 일하는 해병대 출신의 형이 혼자 가게를 지키는 시간대에만 〈메카〉를 들렀다. 방문시간은 가게 문을 여는 11시 30분경이었다. 가끔은 가게 앞에서 해병대 형을 기다리는 일도 있었다. 그동안 정동 초입 길목에서 두더지처럼 담배를 피우고, 소설책을 읽었다.

어라? 오늘은 11시 30분인데 콧수염 아저씨가 가게에 버티고 있네. 어쩔 수 없었다. 아쉬운 놈이 우물을 파는 법이다. 공손하게 콧수염한테 인사하고 가게에 들어섰다. 공손한 척이라도 해야 한 푼이라도 깎아줄 것이다. 30분 정도 음반을 뒤졌을까. 철가방 아저씨가 가게 안으로 씩씩하게 입장한다. 달콤한 달걀 향이 코끝을 찌른다. 콧수염이 주문한 볶음밥이 등장했다. 아침을 든든히 먹었건만 군침이 고인다. 그것도 많이.

빠밤 빠라라라 밤. 빠밤~! 빠라라라 빱! 이건 또 뭐냐. 이런 재즈도 있나. 콧수염 아저씨가 턴테이블에 올린 LP에서 경쾌한 리듬의 나팔소리가 쏟아져 나왔다. 힐끔거리며 음반 재킷을 보니 커다란 럭비공이 떡 하니 자리 잡고 있더라. 그 위에 밥 제임스라는 하얀 영어글자가 보였다. 음반의 타이틀은 〈터치 다운(Touch Down)〉. 제목부터 미국다운 퓨전재즈 음반이었다.

"음악 좋으냐? 밥 제임스는 말이야. 볶음밥을 먹으면서 들으면 소화가 잘된다고. 큭." 눈치를 챘는지 콧수염이 속내를 긁는다. 사실 초심자 음악광은 특정 장르에 엄숙주의에 빠지는 경향이 있다. 나 또한 예외가 아니었다. 그만큼의 열정과 집착이 심했던 시절이었다. 내가 좋아하는 음악은 무조건 수준이 높고 남들이 인정을 해줘야만 했다. 방금 들었던 밥 제임스라고 예외일 수 없었다.

밥 제임스의 음악이 소화제 수준이라고? 입만 열면 빈정거리는 콧수염의 말투가 신경에 거슬렸다. 하지만 어쩌랴. 이 시점에서 불리한 쪽은 음반을 원하는 자다. 다시 비굴모드로 돌변. 깎고 또 깎아서 2천 원을 에누리했다. 결국, 1만 1천 원에 밥 제임스의 음반을 구매했다. "다음부터는 깎아주지 않을 거야." 콧수염은 밥 제임스의 음반을 시커먼 레코드 비닐 봉지에 넣으면서 투덜거렸다. 짜장면 한 그릇이 1,500원 하던 시절이었으니 콧수염의 심성이 뒤틀릴만 했다.

요즘이야 인터넷만 두드리면 다양한 음악을 들을 수 있다. 당시는 LP의 전성시대였다. 명동, 명륜동, 종로, 대학로, 압구정동, 신촌, 광화문 거리에 있던 음반점을 미친 듯이 돌아다녀야만 원하는 음반을 구할까 말까 하던 시절이었다. 짧게는 몇 개월, 길게는 몇 년의 세월이 걸려야 찾던 음반이 손아귀에 쥐어졌다. 그렇게 모은 밥 제임스의 음반이 20여 장이 넘을 무렵에서야 밥 제임스 중독증이 수평선을 긋기 시작했다. 밥 제임스를 대체할 만한 좋은 음악들이 쉬지 않고 등장했던 것도 이유가 되겠다.

사막에서
음악을
찾다

지금도 밥 제임
스의 음악을 즐겨 듣는다. 특히 그의 1집 솔로 앨범부터 6집까지의 음반
은 필청 트랙이다. 당연히 재즈계를 대표하는 최고의 연주자들이 밥 제임
스의 음반에 참여했다. 랠프 맥도널드(Ralph Mcdonald), 리처드 티(Richard
Tee), 에릭 게일(Eric Gale), 그로버 워싱턴 주니어(Grover Washington Jr.), 스
티브 갯(Steve Gadd), 게리 킹(Gary King), 게리 고핀(Gerry Goffin), 론 카터
(Ron Carter), 휴버트 로스(Hubert Laws) 등이 밥 제임스와 호흡을 같이했던
이들이다.

정통재즈가 아니니, 음악이 깃털처럼 가볍니 대중성에 치우쳤니 하
는 말들은 중요하지 않다. 음악이라고 해서 반드시 음지에서 양지를 추
구해야 하는 법은 없다. 양지에서 양지를 바라보는 음악도 필요한 법이
니까. 밥 제임스의 음악은 세상을 밝고 재미있게 살아보자는 메시지가
녹아 있다.

이제 광화문 길에는 음반점이 없다. 음악이 없는 도시는 사막과 같다.
아날로그 사운드의 최고봉인 LP가 사라지고, LP 시대를 무너뜨린 CD가
MP3에게 자리를 내주었다. 생각해보니 형체가 없는 음악을 예술작품으로
승화시킨 존재가 바로 LP였다. 디지털로는 도저히 따라갈 수 없는 훈훈한
음질 또한 일품이다. 소중한 것은 늘 사라진 후에 빛을 발한다. 이기심과

무관심이 세상을 각박하게 만들 듯이 음악 또한 1980년대의 온기를 품고 있지 않다. 그 시절이 떠오를 때면 늘 밥 제임스의 음악을 찾는다.

참고로 퓨전재즈 연주자 밥 제임스의 음악이 궁금한 이들이 있다면 다음 음반을 추천한다. 단, 퓨전재즈 음악에 대한 거부감이 없는 분들에게 한한다. 밥 제임스(Bob James)의 〈Two〉, 〈Three〉, 〈Four〉, 〈Heads〉, 〈Touch Down〉, 〈Taxi-Sound Track〉, 〈Rush Hour〉, 〈H〉 그리고 〈Sign of Times〉.

29

신의
한
수

회사에 들어오면
서 바둑을 배웠다. 아니, 바둑에 미쳤다. 당시 담당업무 중 하나가 회사
도서관 관리였다. 매월 본부부서에서 신청하는 신문과 잡지, 분기마다
도서관에 비치할 신간도서들을 구매하는 나름 문화적인 업무였다. 그
러다 보니 하루에도 수없이 회사 도서관을 들락거려야 했다. 뜻이 있는
곳에 길도 있듯이, 도서관에 자주 들락거리다 보니 당연히 책을 읽게
되었다. 그것도 조금 '많이'. 입사 후 2년이 지날 무렵, 회사 내에서 도
서대여 순위가 5위까지 치솟았다. 빌려 읽은 도서 중에서 무척이나 고
마운 책이 있었다.

책의 내용은 다름 아닌 '바둑'이었다. 지금이야 상상도 못할 일이지

만, 당시만 해도 토요일 근무를 마치면 지인들끼리 사무실 구석에 옹기종기 모여서 바둑을 두고는 했다. 옆에서 구경해보니 뭔지 모르지만 흰 돌과 검정 돌이 이리저리 몰려다니는 풍경이 나름 멋져 보였다. '시작이 반이다.'라는 생각으로 무작정 바둑책을 보면서 독학을 시작했다. 그렇게 50여 권에 달하는 바둑책을 독파하고, 선배들의 바둑을 어깨너머로 구경하면서, 조금씩 19로의 세계에 빠져들었다.

전투바둑 실력을 늘려준 고마운 이는 고등학교 후배인 재우였다. 녀석에게 처음으로 아홉 점을 깔고 바둑을 두다가 같은 실수를 연발하자 점잖게 충고를 던져주던 영민한 후배가 바로 녀석이었다. 몇 년 전에 우연히 연락이 닿아서 숙대입구역 근처의 남영기원에서 두 점을 깔고 바둑을 둔 적이 있다. 녀석의 바둑은 여전히 견고하고 예전처럼 큰 실수를 범하지 않았다. 만약 재우가 없었더라면 내 바둑실력은 잘해봐야 10급 정도에 머물지 않았을까, 생각해 본다.

니들이
바둑을
알어?

한 가지에 미치면 항상 끝을 보는 성미인지라 바둑 또한 예외가 아니었다. 바둑에 환장하다 보니 밥상에 놓인 수저까지 바둑알로 보이는 착시현상에 시달렸다. 일요

일이면 비슷한 기력을 가진 친구 상화와 무려 열 시간이 넘도록 기원에서 바둑을 두고 또 두었다. 길을 가다 텔레비전 화면에 바둑 영상이 보이면 행려병자처럼 시간 가는 줄 모르고 구경을 했다. 신문을 펴면 일단 바둑 기보부터 뒤지는 습관이 생기더라. 주말이면 한 손에는 바둑책을, 나머지 한 손에는 바둑알을 움켜쥐고 도인처럼 독학을 거듭했다. 바둑을 두고 나면, 꿈에서도 바둑판이 등장하는 일이 허다했다. 지름신이 아닌, 바둑신이 강림한 데프콘 단계였다.

그렇게 패전에 패전을 거듭하면서 어느덧 4급 실력을 갖춘 바둑중독자로 변신했다. 요즘은 읽고 쓰느라 바둑을 멀리하지만, 인터넷 바둑으로는 아마 2단 정도의 실력을 보유하게 되었다. 바둑을 사랑하다 보니 자연스럽게 프로바둑 기사에 대한 정보가 늘어갔다. 그중에서 일본유학파 3인 빙의된 조훈현, 김인, 윤기현 기사보다는 순수 토종바둑의 대명사인 서봉수의 바둑을 특히 좋아했다.

서봉수는 정규 바둑코스가 아닌, 동네기원에서 재미로 바둑을 두다가 프로기사로 전업한 특이한 인물이었다. 1980년대만 해도 바둑, 하면 일본이었다. 지금이야 중국이 바둑의 최고수 자리를 지키고 있고, 다음이 한국, 일본은 저 아래에서 헤매고 있지만 말이다. 서봉수의 바둑은 무조건 자기 집을 먼저 확보한 뒤에 상대방 집을 때려 부수는 '선 실리, 후 타계' 전법을 애용한다. 말은 쉬운데 실제 둬보면 절대 쉽지 않은 바둑이다. 자신의 집을 먼저 만든다는 것은 상대방에게 무한공격을 허용한다는 말이기도 하다. 바둑 중후반부에 이르러서야 상대방 집을 공격한다는 발상은 초반부보다 전투의 불리함을 무릅쓴다는 의미이다. 이게 바로 서봉수표 바둑이다.

잡초바둑의 원조, 서봉수 명인

하지만 서봉수 명인의 진격의 시대에는 커다란 벽이 존재했다. 벽의 주인공은 천재바둑기사 조훈현이었다. 두 바둑왕의 통산전적은 2015년 5월 16일 기준으로 조훈현이 370전 251승 119패로 앞서 있다. 얼핏 보아도 조훈현의 적수라고 보기에는 부족함이 많다. 이들은 젊은 시절, 관철동 한국기원에서 심심풀이 내기바둑으로 수많은 시간을 보냈다.

그런데 말이다. 서봉수에게 조훈현이라는 걸출한 인재가 없었다면 어떠했을까. 아마 더 많은 승리와 상금을 챙겼을 것이다. 한국바둑의 최강자라는 명예까지 덤으로 얻었을 것이다. 과연 그게 정답일까. 그렇지는 않다. 오히려 서봉수는 조훈현이라는 험난한 벽에 온몸으로 부딪히면서 토종바둑의 한계를 경험함과 동시에 실력연마의 자극제가 되었다. 일인자의 자리는 외롭고 피곤하다. 서봉수는 맞수자, 친구이자, 바둑상수인 친구 조훈현과 수십 년을 함께 싸우고 깨지고 터지면서 자신만의 바둑을 만들어 간 셈이다.

난 서봉수의 소탈함을 좋아한다. 서봉수는 제5회 농심신라면배 바둑대회에서 기적의 9연승을 기록하고 한국팀의 우승을 안겨주는 쾌거를 거둔다. 이를 기념하여 한국 프로바둑기사들의 취미생활을 소개하는 방송프로그램이 있었다. 등산이나 테니스 등의 점잖은 취미를 소개하는 여타 바둑기사와 달리 서봉수는 생뚱맞게 포장마차에서 소주잔을 기울이는 장면이 등장했다. 한마디로 뻥 터졌다.

된장바둑의 상징 서봉수의 신화는 여기서 그치지 않는다. 그는 세계최대의 바둑대전이라 불리던 중국 잉창치배에서 한국에 우승을 안겨준다. 주변의 지나친 관심은 소화불량을 동반한다. 중국의 노골적인 견제와 시기, 한국 바둑팬들의 광적인 응원열기는 내성적인 성향의 서봉수에게 엄청난 부담이었다. 심지어 바둑 전날까지 혈변을 쏟아내면서 버틴 일화는 인간 서봉수를 기억하는 팬들에게 전설이 된 지 오래다.

바둑광에게 바둑이란 인생의 축소판이다. 동의한다. 상대방이 지은 집이 커 보이는 순간부터 조급증에 빠지고, 자신이 유리하다고 자만하는 순간 위기에 직면하고, 조금만 집중력이 떨어지면 실수를 연발하는 과정까지, 살아가면서 느끼고 경험하는 수많은 난관이 바둑판 위에서 거침없이 벌어진다.

서봉수가 추구하는 바둑은 일명 잡초바둑이다. 한마디로 수없이 바둑을 두어도 멋들어진 모양새가 나오지 않는다. 그게 바로 잡초바둑의 대명사인 서봉수의 매력이다. 아무려면 어떤가. 그는 나름대로 멋진 바둑중독자 인생을 살고 있으니 말이다.

삶도 마찬가지가 아닐까. 임제선사가 말했던가. '부처를 만나면 부처를 죽이고, 큰 스승을 만나면 큰 스승마저 죽여라.'라고 말이다. 진리 또한 마찬가지다. 세상에 영원한 진리는 없다. 단지 자신이 인지 못하는, 진리라는 허울이 존재할 뿐이다. 따라서 새로운 진리를 만난 순간, 그 진리를 한 방에 깨버릴 수 있는 자신만의 필살기가 필요한 거다.

신화는 하루아침에 만들어지지 않는다. 신의 한 수 또한 존재하지 않는, 일종의 이상향이자 신기루일 뿐이다. 수없이 다치고, 깨지고, 넘어지는 과정에서 서봉수처럼 자신만의 바둑을 둘 수 있는 날이 도래할 것이다. 비로소 바둑종독자가 되는 날, 그날이 바로 자신만의 '신의 한 수'를 둘 수 있는 순간이다.

30

응원의
법칙

우민화 정책을 의
미하는 3S를 아는지. 스크린(Screen), 섹스(Sex), 스포츠(Sports)는 한국인에
게 의식주 다음으로 중요한 생활필수품이 되어 버렸다. 이 중에서 마지막
주자인 스포츠 영역에서 프로야구는 군부 출신의 대머리 대통령이 몸소
시구까지 하셨다는 장르다.

　프로야구 출범 당시 고교야구와 실업야구의 인기는 그야말로 대단
했다. 처음에는 '도대체 야구와 프로야구가 뭐가 다르다는 거야.'라는 의
문이 들었지만 어쨌든 프로야구는 재미난 게임이었다. '엠비시 청룡, 오
비 베어스, 롯데 자이언츠, 해태 타이거즈, 삼성 라이온즈', 마지막으로 지
금도 좋아하는 '삼미 슈퍼스타즈'라는 여섯 개 팀이 사이좋게 시작한 한

국 프로야구. '어떤 팀을 고를까?' 망설이다가 검정 호랑이 그림이 그럴싸한 해태 타이거즈를 선택했다. 서울 태생이었기에 연고를 따진다면야 청룡이나 베어스가 후보였지만 서울내기들이 무슨 고향 생각이 절절하다고 연고지를 따지랴. 선택은 해태 타이거즈였다.

해태
타이거즈의
연승시대

프로야구 첫 해에 해태 타이거즈의 분전은 나름 대단했다. 타점왕 김성한, 홈런왕 김봉연, 도루왕 김일권 등 야구계의 3김씨가 활약하던 프로야구 원년이야말로 정말이지 최고의 프로야구 시즌이 아니었나 싶다. 게다가 김성한 선수는 16명으로 시작한 선수단 운영을 위해서 스스로 타자와 내야수, 투수까지 겸업하는 대활약을 펼친다. 타이거즈는 나중에 5명을 추가로 영입하여 21명으로 프로야구 시즌을 버틴다.

그렇게 해태 타이거즈를 지고지순한 마음으로 응원하다 보니 우승까지 하더라. 타이거즈가 프로야구판에서 최강으로 자리 잡자 슬슬 권태감이 몰려오기 시작했다. 성적이 워낙 좋다 보니 타이거즈를 응원하는 야구팬들이 기하급수적으로 늘어갔다. 성격상 너나 할 것 없이 추종하는 대상에는 심드렁해지는 놀부기질이 있는지라 슬슬 꽁무니를 빼고 싶어졌다.

다시 새로운 팀을 물색하기로 했다.

　고민 끝에 선택한 팀이 삼미 슈퍼스타즈와 청보 핀토스의 후신인 태평양 돌핀스였다. 태평양에 돌핀스라. 뭐 태평양에서 사는 돌고래니까 어울릴 듯도 하나만 뭔가 야구팀답지 않은 찜찜한 느낌이 가시지 않았다. 그럼에도 짙은 초록 유니폼 색깔이 마음에 들어 이런저런 아쉬움을 뒤로하고 돌핀스의 광팬이 되었다.

　잠실야구장을 찾아서 응원열기에도 동참했다. 예상대로 성적이 시원치 않았다. 애초부터 하위팀을 응원하리라는 목적에서 고른 팀이었다. 막상 야구장에 가서 응원을 해보니 이건 느낌이 달랐다. 가는 날이 장날이라 했던가. 일 년간 세 번을 야구장을 찾았건만 세 게임 통틀어서 낸 점수 합계가 달랑 3점이었다.

　태평양 돌핀스. 삼미 슈퍼스타즈의 후신인 돌핀스는 1988년 창단하여 1995년까지 존속한다. 야신 김성근 감독이 1989년 취임하여 플레이오프에 오르는 괴력을 발휘하기도 한다. 인천 짠물야구의 상징인 돌핀스는 타선은 물방망이였지만 강력한 투수진을 바탕으로 '점수를 안 주면 이기고, 두 점을 실점하면 진다.'라는 멸사봉공의 정신으로 시즌을 버텨나간다.

　돌핀스가 사라지면서 탄생한 야구팀이 현대 유니콘스다. 이번에는 머리에 하얀 뿔이 달린 유니콘이라는 신화 속의 말이 구단 마스코트로 등장한다. 어쨌거나 유니콘스는 김재박 감독, 김시진 투수코치, 선수영입에 적극적인 스태프진의 활약 하에 한국시리즈를 가져간다. 끝도 없이 승리가 이어질 듯하던 현대 유니콘스의 전성시대는 야구단을 지원하던 정몽헌의 자살로 막을 내린다. 사건 이후 현대그룹은 구단 운영을 포기한다.

연간 수백억의 운영비를 지출해야 하는 프로야구 구단을 인수할 만한 기업은 많지 않았다. 농협과 KT 구단이 관심을 보였지만 노조의 반대 등으로 무산을 거듭하던 끝에 생뚱맞게도 스포츠와는 상극에 가까운 담배 회사가 구단을 인수한다. 부족한 운영비에 고전하던 구단은 선발급 선수들인 장원삼(삼성), 황재균(롯데), 박경완(SK), 정성훈(LG), 이택근(LG) 등을 무차별적으로 타 구단으로 넘긴다. 이택근 선수는 우여곡절 끝에 다시 히어로즈 선수로 돌아온다.

쥐구멍에도 볕 들 날이 있는 법이라 했던가. 신생팀 우리 히어로즈에는 김시진 감독이라는 걸출한 리더십을 가진 선수급 관리자가 관운장처럼 버티고 있었다. 비록 외인구단에 가까운 팀이었지만 김시진 감독은 특유의 형님리더십을 발휘하여 선수들의 평균연봉은 전 구단을 통틀어 가장 적지만 분위기만큼은 최고인 '행복한 야구'를 펼칠 기반을 닦는다.

이번에는 타이어 회사가 구단으로 등장한다. 이름 하여 넥센 타이어. 선수단의 명칭은 넥센 히어로즈로 다시 간판을 바꾼다. 넥센 히어로즈는 브래드 피트가 주연했던 영화 〈머니 볼〉에 등장하는 팀과 비슷한 과정을 겪는다.

낮은 연봉, 낮은 지명도를 가진 선수들이 모여 팀을 정상권에 올려놓는 기적을 연출한 것이다. 과연 넥센 히어로즈는 무슨 능력으로 낮은 연봉을 받는 선수들이 해마다 괴력을 발휘하는 것일까.

이유 있는
패배자를
응원하자

여기에서 짚고 넘

어갈 부분이 있다. 알다시피 야구란 팀플레이가 생명이다. 선수 한두 명이 흔들리면 구단 전체가 붕괴하는 비극을 감수해야 한다. 감독과 코치진의 역할 또한 중요하다. 어떤 성향의 감독을 만나느냐에 따라서 선수들의 실력이 판가름나기 마련이다. 결국, 야구란 선수, 감독 코치진, 구단, 팬이라는 네 가지 요소가 조화를 이루어야 진정한 강팀으로 거듭날 수 있는 종합예술이다.

2014년 한국시리즈를 기억하는가. 염경엽 감독이 이끄는 넥센 히어로즈는 역대 최강이라고 불리는 강력한 팀 타선을 바탕으로 대망의 한국시리즈에 진출한다. 나는 넥센 히어로즈의 광팬으로 더 이상의 승리는 의미가 없다고 판단했다. 넥센은 야구단으로서 누릴 수 있는 모든 것을 이루었기 때문이었다. 이미 승자는 넥센이었다. 승리가 목적이 아닌, 즐기는 마음으로 편안하게 한국시리즈를 감상했다.

가장 좋아하는 야구 관련 명언을 소개할까 한다. 명언의 주인공은 미국 프로야구 구단인 뉴욕 자이언츠(샌프란시스코 자이언츠의 전신)의 간판급 투수였던 크리스티 매터슨이다. '승리하면 조금 배울 수 있지만, 패배하면 모든 것을 배울 수 있다.' (You can learn a little from victory, You can learn everything from defeat.)

패배의 고통과 아픔은 실제 겪어본 이들만의 성찬이다. 패배가 거듭될수록 자신감은 눈 녹듯이 사라지고, 표정은 어두워진다. 시선은 늘 아래로 향하기 마련이고, 입에서는 부정적인 말이 용수철처럼 튀어나온다. 하지만 이것만은 기억하자.

패배는 특별한 사건이 아니다. 패배는 그저 삶의 일상일 뿐이다. 패배를 자주, 제대로 경험해본 자만이 제대로 된 승리를 일구어낼 수 있다. 그는 승리에 도취하지도 않으며, 패배자의 굴레에서 헤매지 않는 진정한 강자다. 나는 패배자를 응원하지 않는다. 나는 이유 있는 패배자를 응원한다. 이것이 문화중독자의 응원 법칙이다.

일본에 가면 | 헌책방 파라다이스 | 공연장에 가면 눈이 내린다 | 아직도 네 이름은 오다쿠 | 최민식이 말하고자 하는 것 | 어떤 강의를 원하시나요 | 문화중독자의 노년기 | 걷고, 걷고 | 이런 중독은 사양합니다 | 영화에 체하셨습니까 | 인생역전타

제4장

그리고 봄이 왔다

31

일본에
가면

정말 부지런히 일
본을 드나들었다. 왜 일본인가? 이유는 다음과 같다. 첫 번째 일본여행은
1997년 6월이었다. 장소는 도쿄로 정했다. 여행의 목적은 세계 음반시장
의 메카인 도쿄에 산재한 중고레코드점 순방이었다. 여행파트너는 음악
모임 후배인 대봉이었다. 녀석이 어렵게 구한 일본 중고음반점 소개책자
에 나온 가게들을 샅샅이 뒤져보는 게 여행의 목표였다. 자고로 여행이란
여행지에 도착하는 순간보다 이를 준비하는 과정에서 더 큰 만족감을 선
사한다.

알다시피 1997년은 인터넷이 활성화되지 않았던 시절이었다. 이는 배
낭여행을 하는 데 필요한 정보가 지금과는 비교가 안 될 정도로 부족하다

는 의미이기도 하다. 아는 게 없으면 육체가 피곤한 법. 여차여차해서 3박 4일간 무려 70여 군데에 달하는 도쿄의 중고레코드점을 이 잡듯이 뒤졌다. 대봉이는 LP 50여 장에 CD 100장을 사는 괴력을 보인다. 이 무지막지하게 많은 음반을 어떻게 들고 왔느냐고? 방법은 간단하다. CD를 보호하는 플라스틱 케이스를 제거하면 만사 끝이다. 다음으로 LP를 현지 우체국 소포로 발송하면 해결된다. 대봉이의 광적인 음반구매에 기가 질렸던 걸까. 난 30여 장에 달하는, 대봉이에 비하면 매우 양호한 수준의 LP를 구입하여 한국으로 돌아왔다.

음반수집광의 일곱 번째 일본여행

두 번째 일본여행은 2004년 5월이었다. 도쿄 디즈니랜드 그리고 일본에 이민 간 친구를 만나기 위한 게 목적이었다. 나름 비음악적인 핑계로 도쿄를 재방문했다지만 버릇이 어디로 가랴. 신주쿠에서 친구를 만나자마자 둘이 중고음반점으로 직행하는 만행을 저질렀다. 처음에는 재밌어하던 녀석이 반나절이 지나자 점점 표정이 일그러지기 시작했다. '미안한데 조금만 기다려라, 몇 군데만 더 보고 나서 맥주라도 마시자.'라는 중독스러운 변명으로 치부했지만, 친구는 서운한 기색이 역력했다. 다행히 숙소에서 일본맥주 파티를 벌였길래 망정이지, 하마터면 동경 한복판에서 음반 더미로 친구한테 몰매를 맞는 진풍경이 벌어질 뻔했다. 음악 CD 20여 장 구매.

2009년 세 번째 여행지는 오사카였다. '이번에는 운치 있게 오사카 성을 구경하고, 유니버설 스튜디오에서 시간을 보내야지.'라고 결심했건만 어림없었다. 애초부터 음반 욕심을 버리자고 했건만 시내 한복판에서 타워 레코드 간판이 등장하자 정신을 잃었다. 결국, 이틀 연장으로 저녁 시간 내내 타워 레코드판 판매장에서 시간을 보냈다. 참고로 일본은 유럽 및 미주지역의 희귀음반을 재발매하는 아이템이 다양하기로 유명하다. 따라서 한국 음반사이트나 국외배송을 통한 구매로 해결되지 않는 음반들이 속속 CD로 만들어진다. 비록 중고음반이지만 보관상태 또한 대단해서 새 음반을 사들인 것과 다를 바가 없다. 생각건대, 길바닥에 버려진 쓰레기를 발견하지 못할 정도로 깔끔한 일본의 속성이 중고 CD에까지 영향을 주지 않았나 싶다. 게다가 실내 님들한테 피해를 주지 말자는(물론 자국민에 한해서겠지만) 문화가 음반 보관상태에까지 영향을 미치는 듯싶다. 음악 CD 25장 구매.

네 번째 여행은 다시 도쿄로 정했다. 2012년 12월이었다. 이번에는 아예 가보지 못한 지역의 중고음반점을 노렸다. 신주쿠, 시부야는 워낙 중고음반점이 많으니까 첫날에 가고, 나머지 지역들, 즉 오차노미즈, 이케부쿠로, 나카노, 우에노, 기치조지 역 근처의 음반점들을 뒤졌다. 생각해보니 음반점 순례 말고는 카레, 우동집에서 끼니를 때운 일과와 메이지대학 박물관을 들른 것(여기도 음반점을 찾다가 우연히 발견)이 전부였다. 희귀음악

CD 30여 장 구매. 아, 잊을 뻔했다. 신주쿠거리 지하에 있는 재즈카페 〈덕(Dug)〉에서 원두커피를 마셨다.

다섯 번째 여행은 2013년 12월, 네 번째 여행 이후 1년 만이었다. 이번에는 재즈카페에서 여유 있게 맥주도 한 잔 마시고, 저녁에는 오다이바에서 자유의 여신상을 배경으로 산책이라도 하려고 결심했건만 절반의 약속이 돼버렸다. 일본의 홍대라고 불리는 기치조지 역에 있는 〈스크래치(Scratch)〉라는 카페에 방문, 기타리스트 짐 홀(Jim Hall)과 케니 버렐(Kenny Burrell), 피아니스트 키스 재럿(Keith Jarrett)의 음악을 신청해서 들었다. 나머지 시간은 그동안 들렀던 음반점들을 복습 차원에서 다시 뒤졌다. 정말이지 부럽다 못해 넋이 나갈 정도로 일본에는 음반점들이 많다. 역시 음악 CD 20여 장 구매.

여섯 번째 여행에 이르러서야 변화를 줄 수 있었다. 여행지는 삿포로. 이번에야말로 음반수집에서 탈피한 여행을 하기로 마음먹었다. 엄청난 캠퍼스 규모를 자랑하는 홋카이도대학 근처에 숙소를 정했다. 음반점 방문을 피하려고 아예 하루는 기차를 타고 바닷가 도시인 오타루를 다녀오기로 했다. 이튿날까지는 순조롭게 음반에 대한 욕심을 줄이고 무사히 여행을 마쳤다. 그런데 한국에 돌아가는 마지막 날이 되자 지름신이 슬슬 내 등을 후려치기 시작했다. 고민 끝에 '꿩 대신 닭'이라는 심정으로 삿포로 시내에 있는 재즈카페를 방문했다. 나와 아내는 그곳에서 한국에서는 구경할 수 없는 삿포로 클래식 병맥주와 2만 원대에 판매하는 일본산 와인을 마셨다. 1971년에 개장했다는 〈보사(Bossa)〉라는 카페였는데 일본의 재즈카페치고는 매장규모가 넉넉했다. 게다가 이 카페의 장점은 두터운 스크랩북에 소장한 재즈 LP 타이틀과 곡들을 정갈하게 정리해 놓았다는 것이다. 이곳에서 좋아하는 재즈연주곡 15곡을 신청해서 듣는 호사를 누렸다. 드디어 음반 구매 없이 무사히 여행을 마쳤다.

어떤
낭만주의
작가의
음악사랑

일곱 번째 일본여행은 휴양지로 유명한 오키나와로 정했다. 전주에서 음반사업을 하는 영준이의 강력한 추천으로 정한 여행지였다. 이번에는 소형차를 빌려서 오키나와 바닷가를 드라이브하면서 시간을 보냈다. 그렇다고 참새가 방앗간을 그냥 지나칠 수는 없는 법이다. 오키나와 국제거리를 향해 걷다 타워레코드점을 발견, 자투리 시간을 쪼개서 잽싸게 음반 여섯 장을 샀다. 여기서 한 장은 홍대 단골 음악카페 사장님한테 줄 선물로 챙겼다. 저녁에는 국제거리에 있는 뮤직바 〈쏘울 투 쏘울(Soul to Soul)〉을 방문해서 흑인음악을 듣고 오키나와의 명물인 오리온 맥주를 마셨다. 맥주에 대한 소감은 한국 맥주처럼 조금 밍밍한 맛이었다.

이렇게 목적 있는 일곱 번의 일본여행기를 정리해 보았다. 합산해보니 무려 150여 장에 달하는 음반을 일본에서 한국으로 부지런히 공수했다. 게다가 유명하다는 재즈카페에서 음악을 듣는 호사까지 누렸으니, 음악덕후인 내게 최고의 여행이었다고 자부하고 싶다. 사실 엔화의 압박이 사라진 일본여행은 비행기값을 제외하고는 한국여행과 비용면에서 큰 차이가 없다.

요즘은 음반구매보다는 유튜브 등을 통해서 소장하지 않은 음악들을 듣고는 한다. 그렇다고 해서 애지중지 모은 음반들을 유행이 지났다는 이유로 홀대하고 싶지는 않다. 음반도 사람처럼 추억을 먹고 사는 영물이다. 오래된 음악과 함께 추억을 듣는다는 것. 그게 진정한 낭만주의 작가의 음악사랑이 아닐까 싶다.

32

헌책방
파라다이스

런던 출신의 작가 닉 혼비(Nick Hornby)는 '사람이란 자신이 상투적인 인간의 표본이 되지 않기 위해 노력하는 존재'라고 말한 바 있다. 동의한다. 그렇기에 사람들은 자신만의 취향을 만들어내고 이를 구별 짓기 하기 위해 시간과 돈과 열정을 투입하는 게 아닌가 싶다. 내게 헌책방은 그런 존재였다. 남들이 보면 '뭐 그다지 멋진 취미는 아니군요.'라고 말하더라도 상관없다. 헌책방이란 취미 그 이상의 존재이니까.

헌책방의 매력을 처음 알게 된 시기는 고등학교 신입생 무렵이었다. 내가 다녔던 고등학교는 용산구 후암동 언덕길에 자리 잡고 있었다. 토요일 수업을 마치면 학교에서 공부한다는 핑계를 대고 부지런히 근처에 있는 헌책방을 돌아다녔다. 그렇다고 나라는 인간이 조숙한 문학청년이나 대단한 독서가는 아니었다. 이유는 독서치고는 조금 애매한 지점에 있었다. 헌책방에서 볼 수 있는 〈선데이 서울〉류의 성인잡지를 훔쳐보기 위해서였다.

태초에
헌책방이
살고
있었다

예나 지금이나 헌책방 인심은 여전하다. 무슨 말이냐면, 몇 시간을 헌책방에 죽치고 있어도 노골적으로 눈치를 주는 주인이 없다는 말이다. 지금 생각해보면 토요일마다 헌책방을 돌아다니면서 '빨간책'을 훔쳐보던 행위에 대해서 모른 척 해주었던 주인들의 마음 씀씀이가 고마울 따름이다. 그렇게 사춘기 남학생의 불타는 성적 판타지는 헌책방이라는 탈출구를 통해서 조금씩 치유되었다. 그때 그 시절의 헌책방은 대부분 사라지고 이제는 자리를 옮긴 〈고래서점〉과 헌책방 하나가 쓸쓸하게 자리를 지키고 있다.

서울 용산구에 있던 또 하나의 헌책방은 〈뿌리서점〉이었다. 용산역 근방의 지하에 자리 잡은 큰 규모의 헌책방인데, 종류에 구애받지 않는 잡다한 헌책들이 즐비하던 서점이었다. 등잔 밑이 어둡다고 했던가. 이상하게 〈뿌리서점〉은 집에서 제일 가까웠지만 자주 들르던 헌책방은 아니었다.

대학생 시절에는 다른 목적으로 헌책방을 찾았다. 집에 있는 책 중에서 가족이 안 볼 만한 책을 몰래 팔고, 그 돈으로 다시 LP 음반을 사려는, 조금은 불순한 목적으로 헌책방을 방문했다.

그렇게 소리소문없이 사라지는 책들에 대한 비밀이 밝혀져서 지적질을 받았던 기억 또한 생생하다. 심지어 동네아파트 쓰레기장에 쌓인 헌책들을 커다란 가방에 담아서 헌책방으로 직행하는 일과도 서슴지 않았으니, 당시 음악에 대한 열정은 책에 관한 관심에 비할 바가 아니었다.

신입사원 시절에는 주로 홍대 부근의 헌책방을 드나들었다. 특히 홍대 정문 맞은편에 있던 〈온고당〉 헌책방은 마음씨 넉넉한 경상도 아저씨 덕분에 더욱 자주 찾았던 곳이었다. 〈온고당〉에서는 주로 일본 문학책을 사들였다. 헌책방 동반자는 광고회사에 다니던 해동이 형이었다.

형은 매주 홍대에서 책과 중고 비디오테이프를 부지런히 샀다. 왕자웨이 감독의 영화철학과 김기덕 감독의 실험정신을 추종하던 형과는 아쉽게도 연락이 끊어진 지 오래다. 다른 후배를 통해서 삭발한 채로 절에서 일한다는 형의 짧은 소식을 전해 들은 바 있다. 하지만 다시 만난다 해도 예전처럼 부담 없이 술잔을 주고받을 수 있을지는 잘 모르겠다.

홍대 부근의 또 하나의 헌책방 명소는 〈숨어있는 책〉이라는 곳이다. 지금은 근처 건물 지하로 장소를 옮겼는데, 이전한 후부터는 이상하게 발걸음이 잘 닿지 않는다. 늘 클래식음악이 흐르는, 햇빛이 잘 드는 장소에 있던 〈숨어있는 책〉. 신촌지역의 다른 헌책방에 비해 저렴한 가격에 헌책을 판매하던 양심적인 책방이라고 기억한다. 이외에도 왕십리 〈고구마〉, 대학로 〈아름다운 가게〉, 서울대 〈도토리 책방〉 등도 빼놓을 수 없는 추억의 헌책방들이다.

사십 대 이후 자주 찾는 헌책방은 〈알라딘〉으로 괘도 변경을 한다. 헌책을 수집하지만, 그중에서도 책 상태가 좋은, 새 책에 가까운 중고책을 고집하는 결벽 때문에 〈알라딘〉 서점은 내 취향에 그럭저럭 어울리는 헌책방이다.

〈알라딘〉 헌책방은 이제 전국구 체인점을 소유한 한국 최대의 헌책방으로 자리 잡았다. 그동안 들렀던 알라딘 체인점만 해도 서울은 종로점, 신촌점, 건대점, 서울대점, 대학로점, 강남점이며, 지방은 일산점, 대전점, 부산점까지 무려 9개 체인점에 이른다. 이곳에서 사들인 중고책만 해도 7단 책장 한 개 정도는 거뜬히 채우고도 남는다.

당신만의 천국을 만들어 보세요

대형할인점의 출현으로 동네슈퍼들이 문을 닫았듯이, 지금은 도서정가제가 있다지만

2014년까지만 해도 살인적인 할인공세를 퍼붓던 인터넷서점의 출현으로 동네서점들이 사라지듯이, 헌책방 또한 비슷한 위기를 겪고 있다. 헌책방의 생명은 꾸준히 헌책을 입수하느냐에 달려 있다. 이제는 사람들이 집에서 읽지 않는 책들을 싸들고 대형 헌책방 체인점을 방문한다. 이왕이면 넓고 깨끗한 매장과 책의 상태에 따라 다르지만 조금 더 비싼 값을 쳐주는 헌책방을 선호하는 현상이다.

이러한 체인점 형태의 헌책방의 한계는 분명히 존재한다. 주로 신간 위주의 중고책을 선호하는 경영방침으로 비록 책 상태는 떨어지지만 수집가들의 표적이 되는 오래된 책의 유통이 원활하지 않다는 점이다. 따라서 초판서적이나 절판된 희귀서적을 찾는 이들은 여전히 임대료가 저렴한 골목상권에 있는 작은 헌책방을 선호한다.

요새는 헌책방을 방문하는 이유가 분명하다. 두 번 이상 읽을 만한 인문학 또는 사회과학 서적을 사기 위해'서다. 이 기준은 오랫동안 바뀌지 않을 듯하다. 앞으로 계속 글을 쓰기 위해서는 관련 서적을 통해서 꾸준히 지적인 보충이 필수라는 연유에서다.

헌책방은 단지 중고물품을 팔고 사는 거래의 장소가 아니다. 이곳은 지식의 저장소이자 추억을 판매하는 일종의 공론장이다. 사람들은 헌책방에서 자신이 문득 잊고 지내던 상처를 떠올리기도 하며, 반대로 자신의 환부를 치유하는 작은 기적을 이루기도 한다. 헌책방은 성장기의 한쪽을 든든하게 지탱해주었던 오래된 친구이자 스승이었다. 그곳에서 수많은 현자의 지혜를 얻었으며, 자신만의 세계를 완성할 수 있는 훌륭한 재료를 구할 수 있었다. 누군가 천국을 보고 싶다고 말한다면 나는 말없이 그를 작고 어둡지만, 결코 외롭거나 불편하지 않은 헌책방으로 데리고 갈 것이다. 그리고 입가에 잔잔한 미소를 머금은 채로 이렇게 속삭이고 싶다. '작지만 편안한 이곳에서 당신만의 천국을 만들어 보세요.'라고.

33

공연장에
가면
눈이
내린다

음악을 좋아하다
보니 공연장에 가는 행위가 일상이 되어버렸다. '부럽네요. 문화생활도 즐
기시고⋯.'라는 문화비중독자들이 날리는 견제구에 맞는 일이 불편하기
도 했다. 공연문화를 즐기는 게 뭐 그리 대단한 일이라고. 문화생활이 삶
의 영역에서 분리되는 순간, 인생은 팍팍해진다. 비문화적 삶이 당연하게
치부되는 사회는 미개사회다. 먹고살기도 바쁘다는 핑계는 집어치우자.
먹고살기 위해서가 아니라 문화를 위해서 존재하는 삶 또한 지구 상에 오
롯이 존재한다.

　야구장이나 극장에 가듯이 공연장에서 좋아하는 음악가를 만날 수도
있다. 차이라면 입장료의 압박이 만만치 않다는 것인데 이 또한 조금만

주의를 기울이면 어느 정도 해결이 가능하다. 예매를 서두르면 얼마든지 저렴한 가격에 높은 등급과 차이가 없는 좋은 자리를 구할 수 있다. 객석이 많은 공연장의 경우, 장터를 뒤져보면 정가의 절반 이하의 가격에 얼마든지 공연표를 구할 수 있다. 이는 비록 공연만의 문제가 아니다. 어떤 일이든 간에 관심과 열정이 있는가, 이게 관건이다.

어쨌든, 그동안 경험했던 수많은 공연을 떠올려보면 마음 한구석이 싸해지는 희열감을 지울 수 없다. 좋아하는 음악가를 직접 만난다는 것. 그들의 생생한 음성과 생각을 공유한다는 것은 분명 멋진 일이다.

그냥,
떨려서
마십니다

압구정동 현대백화점에서 보았던 김수철의 단독공연은 지금까지도 강하게 기억에 남아 있다. 그날 전기기타를 어깨에 둘러메고 깡충깡충 무대를 뛰어다니는 김수철을 상상했다. 결과는 반대였다. 너무나도 사색적이고 내성적인 김수철을 만난 것이다. 김수철의 공연을 추억할 때마다 안드레이 타르코프스키(Andrei Tarkovsky)의 영화가 떠오르곤 한다.

1980년대 후반, 홍대 근처의 공연장에서 보았던 그룹 〈사군자〉의 공연 또한 대단했다. 비쩍 마른 체구에 줄이 매달린 금테안경을 쓴 장신의 보컬리스트가 쏟아내는 금속음은 신선한 충격이었다. 마치 로버트 플랜트(Robert Plant)의 환생을 보는 듯한 느낌으로 공연을 즐길 수 있었다. 사군자가 불렀던 최고의 노래는 그룹 '프로콜 하럼 (Procol Harum)'의 명곡 〈A Whiter Shade Of Pale〉이다.

블루스 음악가로 지금까지 일관된 음악생활을 추구하는 김목경의 공연 또한 인상적이었다. 김목경은 정통 블루스음악을 지향한다. 따라서 그의 공연은 웬만한 블루스광이 아니라면 편하게 들을 만한 종류의 음악이 아니다. 하지만 그는 자신의 음악성을 관중의 입맛에 맞추기 위해서 애쓰지 않는다. 그만큼 블루스음악에 대한 애정이 깊다는 의미다.

이소라의 공연은 두 번 보았는데 무척이나 기복이 심하다는 인상을 받았다. LG아트센터에서 보았던 이소라의 공연은 한마디로 최고였다. 폭설이 내리는 날이었지만 관중석은 입추의 여지가 없었다. 두 번째 공연은 합정역 메세나폴리스에 있는 공연장이었다. 2년 만에 다시 보는 공연이었는데 이번에는 이전과는 아주 다른 분위기였다. 몸살이 걸린 것까진 그렇다 치더라도 공연을 보러온 관중에 대한 기본적인 배려마저 상실한 듯한 아쉬운 공연이었다. 그녀는 공연하기 위해서 강제로 끌려온 전쟁포로 같은 분위기였으니까. 목소리가 잠기는 것은 공연 날을 손꼽아 기다린 관객 탓이 아니다. 자기관리에 충실하지 못한 본인의 문제가 지대하다는 점을 잊지 말아야 한다.

김광석의 공연은 그의 음반의 분위기와 너무나 흡사한 게 흠이라면 흠이었다. 오히려 안치환의 공연이 상대적으로 색다르게 느껴졌다. 시원한 너털웃음을 이리저리 날려가며 사자후를 내뿜는 안치환의 열정은 한 겨울 대학로의 공연장 무대를 덮히는 데 부족함이 없어 보였다.

재즈공연은 주로 홍대에 있는 클럽 〈에번스(Evans)〉를 주로 찾았다. 재즈 피아니스트 빌 에번스(Bill Evans)의 커다란 사진이 입구에서 방문객을 반기는 이 아담한 공연장은 신인급 재즈연주자를 위한 축제의 마당이다. 그곳에서 만났던 수많은 연주자 중에서도 '그레이 젠틀(Gray Gentle)'이라는 그룹을 잊을 수 없다. 이들의 음악은 재즈가 아니었다. 주로 외국곡을 번안해서 노래했는데, 장난꾸러기 같은 이미지의 남자 보컬의 노래 실력이 보통이 아니었다. 그 후 그레이 젠틀의 공연을 수소문해 보았지만 아쉽게도 이들을 다시 만날 수 없었다.

대학로의 공연장 〈천년동안도〉 또한 빼놓을 수 없다. 예전 대학로에서 〈바로크 음악사〉를 경영했던 임원빈 사장이 만든 〈천년동안도〉에서는 주로 선임급 음악가들의 공연을 보여준다. 그중에서 금요일 저녁 무대를 휘어잡았던 한상원 밴드의 음악을 즐겨 보았다. 펑키한 록음악을 지향하는 한상원 밴드의 음악은 늘 활력이 넘친다. 특히 그가 연주하는 산타나의 곡 〈She's Not There〉는 공연의 압권이었다. 요즘은 건물상의 문제로 휴업 중이라는 말이 들리던데 심히 안타까운 일이다.

동물원의 공연은 그룹의 리더였던 김창기가 활동했던 때가 좋았다. 무엇보다도 공연 중간마다 멋진 멘트를 날려주는 김창기의 영향력은 대단했다. 이후 일산에서 김창기가 빠진 동물원과 여행스케치의 공연을 다시 보았지만, 예전 같은 신선함 느낌은 찾기 힘들었다.

대학로 학전극장에서 보았던 '노래를 찾는 사람들'의 공연은 제일 친한 입사 동기였던 민찬이와 같이 관람했다. '솔아 솔아 푸른 솔아, 그날이 오면, 임을 위한 행진곡, 사계, 광야에서'가 울려 퍼지던 1990년대의 학전극장은 문화예술의 메카인 대학로의 심장이었다.

처음부터 김현철의 노래를 좋아하지는 않았나. '엉성한 퓨전재즈풍의 연애 타령이나 하는 가수지 뭐.'라는 생각이 떠나지를 않았으니까. 그런 느낌은 꽤 오랫동안 지속하였다. 세월은 음악취향에도 영향을 미친다. 언제부터인가 그의 노래가 편하게 다가왔다. 노래방에 가면 넥타이를 풀어헤치고 김현철의 '일생을'을 열창하는 내 모습을 종종 발견할 수 있었다. 한남동 공연장에서 혼자 보았던 김현철의 공연은 기대만큼 나쁘지 않았다.

들국화의 공연은 지금은 사라진, 신촌의 〈크리스틸 볼륨〉이라는 공연장에서 보았다. 들국화는 하도 자주 들어서 이제는 찾아 듣지 않는 전설의 음반 〈들국화 1집〉에 수록된 곡들을 차례대로 불렀다. 특히 전인권이 부르는 외국 번안곡은 정말이지 일품이다. 의자에 걸터앉아 한 손으로 턱턱 무릎을 내리치는 그의 손동작에서는 예인의 기품이 흘러넘친다.

'신촌블루스'의 공연에서는 늘 술에 취한 리더 엄인호를 만날 수 있다. 1980년대였나. 공연을 시작하기 전, 대기실에 있던 엄인호를 지인과 함께 만난 적이 있다. 독한 양주를 병째로 마시던 엄인호가 했던 말이 걸작이다. "그냥, 떨려서 마셔." 무엇이 더 필요한가. 그게 블루스음악인 것을.

신촌에는
함박눈이
내렸다

2014년 겨울, 홍대
의 〈재즈다(Jazzda)〉에서 보았던 류복성의 공연 또한 대단했다. 그곳에서
팔순을 바라보는 나이임에도 무지막지한 에너지를 품어내는 20대 류복성
을 만날 수 있었다. 아쉽게도 그의 대표곡 〈혼자 걷는 명동길〉이 빠졌지
만, 그의 공연매너는 정말이지 최고 중의 최고였다는.

이 밖에도 재즈 트리오 '젠틀 레인', 그룹 '봄여름가을겨울', 재즈 싱어
'김준', 김덕수 사물놀이 출신인 하모니카 연주자 '전재덕', 싱어송라이터
'조덕배', 정열의 록가수 '김경호', 정혜신 작가의 출판기념회에서 들었던
언니네 이발관의 리더 '이석원'의 범상치 않은 노래들, 영원한 보헤미안
'이상은', 그룹 '어떤 날'의 멤버였으며 영화음악가로 활동 중인 기타리스
트 '이병우', 포크음악의 대부 '조동진', 지금은 제주도에서 사는 가수 '장
필순', 시청의 마당세실극장에서 만났던 '윤도현 밴드' 등이 내게 기억에
남을 만한 멋진 공연을 선사했다.

그렇다. 내가 공연장에 가는 날에는 늘 눈이 내렸으면 좋겠다. 공연을
시작하기 전에는 아무렇지도 않았던 시내가 하얀 눈으로 뒤범벅되는, 눈
으로 음악가들의 공연을 축복해주는 세상이 왔으면 좋겠다. 그날, 신촌에
는 함박눈이 내렸다.

34
아직도
네
이름은
오다쿠

'**왜** 하필이면 내슈빌
인가요?'라고 묻는다면 이렇게 말할 수 있겠다. 아시다시피 '내슈빌'은 컨
트리 음악의 고향이자, 흙냄새가 풀풀 나는 자연주의의 상징이기도 하니
까. 과연 맞는 말일까? 앞부분은 그럴 듯도 한데 뒷부분은 잘 모르겠다.
미국 보스턴, LA, 샌프란시스코, 뉴욕에 가보았지만, 내슈빌(Nashville)에는
발을 디딘 적이 없기 때문이다. 여하튼 우리 모임의 이름은 정확히 '내슈
빌'이었다.

모임장소는 홍대에서 카페를 하던 동우 형의 〈쏘울 트레인(Soul
Train)〉으로 정했다. 카페 〈쏘울 트레인〉에서는 쏘울, 디스코, 펑크류의 음
악을 틀었다. 모임 시간은 가게가 문을 열지 않는 낮으로 정했다. 우리는

그곳에서 각자 소장하던 LP, CD 음반과 함께 간단한 음악감상문을 공유했다. 내슈빌은 일종의 음악공동체였다. 소울 트레인에서 자신이 소개하고 싶은 음악을 틀고, 듣고, 말하고는 했다. 음악 장르는 포크, 컨트리, 사이키델릭 등의 음악이 주였다.

음악중독자를
위한
모임

여기까지만 말하자면 평범하면서도 약간은 모범적으로 보이는 건강한 음악모임이 되겠다. 그런데 말이다. 조금 안쪽을 들여다보면 '네에, 그렇군요.'라고 말하기에는 모호한 부분들이 없지 않았다. 말하자면 내슈빌은 중독자를 위한 모임이었다. 골수 음반수집가들의 모임이라는 특성이 있는 내슈빌은 모두가 음악이라는 소재를 빼놓고는 공통분모라고 할 만한 것이 별로 없었다.

모임은 대충 다음 순서로 진행되었다. 간단히 눈인사를 주고받는다. 각자 소개하는 음악을 설명하고, 듣는다. '이 음반을 나도 구해야겠네.'라는 결심을 드러나지 않게 한다. 모임을 마치면 단체로 음반가게를 가거나 아니면 어디론가 급히 사라진다. 이게 내슈빌의 정체성이었다.

무엇인가에 심하게 몰입해 있는 사람들은 공통적인 특징이 있다. 특정분야에 자신의 에너지를 몽땅 쏟아내기에 다른 분야에는 심할 정도로 무관심하다는 거다. 사회에서 이런 덕후 증상을 가진 중독자는 잘해야 10% 이내다. 나머지는 물에 물 탄 듯 그냥 그렇게 적당히 남들의 눈치를 보면서, 때로는 흉내를 내면서, 가끔은 자신이 원하는 것을 아무렇지 않게 포기하면서 살아간다.

내슈빌에는 음악적으로 엄청난 내공을 지닌 이들이 많았다. 지금은 음반사업을 하는, 모임의 구심점이자 컨트리음악의 중독자였던 봉수, 가장 왕성한 음반수집가인 동시에 전 세계에 숨어 있는 포크음악을 발굴하는 영준이, 헤비메탈에서부터 포크음악까지 가리지 않고 들었던 까칠남 영호, 영국 포크음악이라면 사족을 못 쓰던 친구 계한이, 급기야 나와 같이 도쿄로 음반사냥을 하러 떠났던 전투경찰 출신의 침묵남 대봉이, 눈매는 늘 웃고 있지만, 마음속에서는 음악적 광기가 24시간 끓어 오르던 동희, 모임의 맏형이자 잡식성 음반수집가인 동우 형, 이제는 오디오 칼럼니스트로 활약하고 있는 후배 장호까지 모두가 결정저인 한 방을 지닌 무지막지한 음악중독자들이었다.

모임 사람들을 하나둘씩 떠올리다 보니 나와 한국전력에 근무하는 계한이를 제외하고는 모두가 음악과 관련한 직업을 가지고 있더라. 자신이 좋아하는 일을 직업으로 삼는 것은 삶의 커다란 행운이자 즐거움이다. 그 즐거움을 지속하기 위해서는 그냥 좋아하는 정도 가지고는 부족하다. 시작이야 늘 그렇듯이 설레는 마음과 웃음이 멈추지 않을 것이다. 하지만 재능과 노력과 인내력이 부족한 자기 자신을 발견하면서부터 상황이 달라진다. 추가로 운까지 따라주지 않는다면 게임은 끝난 셈이다. 하고 싶은 일을 마음껏 해보았으니 아쉬움이 없을지도 모른다. 문제는 그다음이다. 다른 일은 해야 하는데 좋아서 시작했던 일들이 자꾸만 떠오른다.

무기력한
순응주의자는
되지
말자

이 시점에서 문제점을 진단해 보자. 무엇이 문제일까. 답은 '좋아하는 것'과 '잘하는 것'을 구별하지 못했다는 데에 있다. 난 좋아하는 일을 직업으로 삼고 싶어하는 후배들에게 늘 비슷한 조언을 해준다. 절대 좋아하는 일을 직업으로 삼으려 들지 말라고, 좋아하는 일은 취미만으로도 충분하다고 말이다. 하지만 전제가 있다. 그게 네가 정말이지 잘하는 일이라면 과감하게 직업으로 삼으라는 부언을 잊지 않는다.

여기에서 질문 하나. 그렇다면 '잘하지만, 직업으로까지는 삼고 싶지 않은 상황이라면 어찌할 것인가?'라는 궁금증이 등장할 수 있다. 정답은 간명하다. 잘하는 다른 일을 찾아보면 된다. 아무리 뒤져봐도 자신이 잘하는 것이라고는 하나뿐 없다면 어쩔 수 없다. 일하면서 호시탐탐 자신이 좋아하는 일을 직업으로 삼을 기회를 노리면 된다. 지성이면 감천인 법이다.

이런 측면에서 본다면 나와 계한이를 제외한 내슈빌 친구들은 모두 행운아가 아닐까. 그들은 모임을 함께했던 시점 이후로 15년이 넘도록 서로 약속이라도 한 듯이 음악계통의 직업을 영위하고 있으니 말이다. 그들은 좋아하는 직업이 아닌, 정말이지 잘하는 직업을 선택했던 이들이다. '나는요. 이 일 빼고는 할 줄 아는 게 없습니다.'라고 말하는 이들의 정체는 둘 중의 하나다. 중독자이거나 무기력한 순응주의자이거나. 이왕이면 중독자의 삶을 살아보는 게 멋지지 않을까.

내슈빌 모임은 이년 남짓 운영되었다. 모임이 연속성을 가지지 못한 이유는 개인주의 성향이 강하던 모임 사람들의 특성 때문이었다. 누구도 모임에 나오라고 하지 않았고, 누구도 그들의 시간을 뺏으려 하지 않았다. 나는 그것을 '자유'라고 부르고 싶다.

2017년이면 창단멤버였던 봉수, 영호와 함께 내슈빌 모임을 만든 지 20주년이 되는 해다. 다들 신깅하게 지내고 있는지, 요새는 어떤 음악을 듣고 있는지, 무슨 상상을 하고 지내는지 궁금해진다. 다시 홍대의 조용한 카페를 빌려 재결합 모임을 해 보면 어떨까. 이번에는 음악 장르에 제한을 두지 않고 모이는 거다. '이건 정말 모르겠지?'라고 자랑할 만한 알려지지 않은 음악이라면 더 재미날 것이다. 그렇게 음악을 듣고, 적당히 서로에 대해서 모르는 척하면서, 서로의 시간과 자유를 인정하면서, 즐겁게 보내는 거다. 그게 바로 내슈빌의 정체니까.

35

최민식이
말하고자
하는
것

텔레비전 드라마

를 시청하지 않는다. 부언하자면 배우 김명민이 나오는 〈베토벤 바이러스〉 이후 어떤 드라마도 보지 않았다. 왜냐고? 〈베토벤 바이러스〉는 음악을 주제로 한 드라마였으니까. 그럼 드라마를 보지 않는 시간에 뭘 보냐고? 영화를 본다. 단, 밑도 끝도 없이 줄거리를 늘어뜨리는 미드는 체질에 맞지 않아서 사양이다.

영화라. 난 주로 1970년대 이후 만들어진 영화를 즐겨본다. 장르는 작가주의에서부터 블록버스터까지 크게 가리지 않는다. 참고로 실베스터 스탤론 이후 등장한 대머리 근육남들이 출연하는 영화는 일단 사양이다. 그들의 영화는 영혼이 없다. 터질 듯한 근육 덩어리를 감당하지 못하는 등장인물들은 90분 내내 부지런히 치고받다가 어디론가 사라지면 그뿐이다. 그렇다면 '스탤론은 영혼이 있다는 말인가?'라고 묻는다면 딱히 할 말은 없다. 어쩌면, 스탤론이 활약하던 시대가 그리운 것일지도 모르겠다. 적어도 지금만큼 무미건조한 공장식 영화의 시대는 아니었으니까.

영혼이 있는 배우, 최민식

한국에서 영혼이 있는 배우를 고르라면 최민식을 꼽고 싶다. 홈런타자가 모든 경기에서 좋은 타구를 날릴 수 없듯이, 배우 또한 모든 영화에서 호연을 이어가기는 불가능하다. 최민식은 기복이 가장 적은 배우 중 하나다. 어떤 영화 배역이든 자기 스타일로 소화해내는, 무시무시한 성격파 배우란 소리가 아니다. 그는 영화 시작부에서부터 무방비 상태로 자아를 드러내놓고 연기를 시작한다. 자신을 띄우고 싶어 안달한 엉성한 자기도취증에 빠지지 않는다는 말이다. 이는 자의식 과잉과는 조금 다른 의미다. 연기하기 위해서는, 영화에서 요구하는 인물로 변신하기 위해서는 어느 정도의 자의식 과잉이 필요하다. 그 영화가 흥행 면에서나 작품 면에서나 좋은 평가를 받는다면 배우는 스타라는 상석으로 공간이동을 한다. 그런 과정에서 흔히 말하는 '자화자찬'에 빠지지 않는 배우가 최민식이라는 이야기다. 이러한 예인의 자세는 그가 출연했던 영화를 통해서 확인할 수 있다.

배우 최민식은 영화 〈구로 아리랑〉을 통해서 영화계에 등장한다. 그리고 이문열 작가의 소설을 원작으로 한 영화 〈추락하는 것은 날개가 있다〉와 〈우리들의 일그러진 영웅〉에서 조연으로 출연하지만, 은막의 주목을 받지 못한다. 그가 본격적으로 대중에게 알려진 것은 영화가 아닌 드라마 〈서울의 달〉에서였다. 〈서울의 달〉을 통해서 한국영화계는 한석규와 최민식이라는 대어를 낚는 데 성공한다. 동국대학교 연극영화과 출신인 그들은 사이좋게 영화 〈넘버 3〉에서 두목의 오른팔 자리를 수성하려는 조폭과 복싱을 즐기는 다혈질 검사로 연기대결을 펼친다.

최민식이라는 이름 석 자를 확실하게 관객들에게 각인시킨 두 번째 영화는 바로 〈쉬리〉였다. 북한군 장교로 등장하는 최민식은 다시 형사 한석규와 대치하는, 정치이데올로기의 희생양으로 묘사되고 있다.

이후 최민식은 자신의 연기인생에서 최고작으로 꼽힐 만한 걸작에 등장한다. 바로 영화 〈파이란〉이다. 흥행 면에서 큰 주목을 받지 않았지만, 이 작품을 통해서 최민식은 한국 영화계를 이끌어갈 확실한 연기파 배우로 자리 잡는다. 누군가가 최민식 최고의 영화를 묻는다면 주저 없이 영화 〈파이란〉을 추천할 것이다. 인천에서 활동하는 퇴물건달로 등장하는 최민식. 영화 〈파이란〉은 그가 연기에 임할 때마다 움켜쥐고자 하는 '인간적인 모습'을 너무나 능청스럽고 절절하게 보여준다.

최민식의 연기신화는 이 정도로 그치지 않는다. 영화 〈올드보이〉를 통해서 한국 최고의 배우라는 영예를 끌어안게 된 것이다. 배우 최민식의 시대는 흔히 〈올드보이〉 이전과 이후로 구분된다. 이전까지 최민식이 추구했던 연기가 휴머니즘에 충실한 연기였다면 〈올드보이〉 이후의 최민식은 새로운 연기실험에 도전하는 성격파 배우로의 변신이었다. 그는 자신이 추구했던, 휴머니즘에 집착하는 연기자에서 과감히 탈피한 연기 내공을 보여준다.

우리는 영화 〈친절한 금자씨〉와 〈악마를 보았다〉에서 최민식의 또 다른 자아를 발견할 수 있다. 내게 영화 〈악마를 보았다〉는 인간 최민식이 아닌, 연기자 최민식에게 커다란 실망을 안겨준 영화였다. 굳이 '이 영화를 찍어야만 했던 이유가 무엇입니까?'라고 포장마차에 나란히 앉아 따지고 싶을 정도로 영화는 이유 없는 광기로 가득 차 있다. '묻지 마 살인영화'에 출연할 만큼 최민식은 이제는 연기할 공간이 없었던 것일까. 광기만이 살아 숨 쉬는 배역에 도전하고 싶은 욕망의 원천은 무엇일까. 단지 새로움에 대한 호기심과 욕망이 이유의 전부일까.

영화 〈신세계〉와 〈범죄와의 전쟁〉 또한 변신의 연장 선상에 놓였던 작품들이다. 아니, 자신이 그런 역할에서 탈피하고자 한 흔적이 역력하다. 조폭 집단에 위장 침투하는 이정재를 배후조종하는 비열한 형사역을 연기했던 〈신세계〉야 그렇다 치고, 〈범죄와의 전쟁〉에서 돈과 권력에 미쳐가는 역할을 해낸 최민식의 변신은 9회 말 투아웃에 터진 역전 안타나 다름없었다.

성격파
배우의
변신은
자유

그는 영화 〈명량〉을 통해 또 다른 변신에 몰입한다. 배우 최민식에 어울리지 않을 법한 이순신이라는 무거운 배역을 움켜잡은 것이다. 사실 〈명량〉에서 최민식의 역할은 그다지 크지 않다.

영화의 초점은 50여 분간 이어지는 전투장면에 있다. 하지만 최민식은 도전하는 연기자였다. 대한민국 역사상 최고의 무장이라는, 배역의 압박에도 그는 〈명량〉을 통해서 절반의 성공을 거둔다. 최민식은 실제 〈명량〉의 연기부담으로 엄청난 정신적 스트레스를 받았다고 한다. 그에게 이순신이라는 역할은 커다란 산이자 넘어서야 하는 장벽이었다. 사실 〈명량〉에서 최민식의 연기에 대한 평가는 쉽지 않다. 이미 이순신이라는 인물 자체가 주는 중량감이 너무나 크기 때문이다. 그는 '이순신의 재해석'보다는, 영화팬들이 이미 알고 있는 '영웅 이순신'에 몰두했다.

두 번째로 아끼는 최민식표 영화는 〈꽃 피는 봄이 오면〉이다. 영화 〈올드보이〉의 그늘에 가려버린 범작이지만 내게는 한겨울에 들이키는 따뜻한 정종대포 같은 영화다. 이 영화에서 최민식은 탄광촌의 음악교사로 등장한다. 신인배우 시절 최민식표 영화가 재미는 있으나 어깨에 적당히 힘이 들어간 연기였다면, 〈꽃 피는 봄이 오면〉에서의 최민식은 과장하지 않는, 편안한 심호흡이 느껴지는 연기를 보여준다. 영화에서 그는 영화 〈올드보이〉에서 보여준 광기를 모두 해체하려는 듯한 귓속말을 전하고 있다.

자신을 부족한 연기자, 모자란 인격을 가진 배우라고 토로하는 인간 최민식. 이제는 그동안 출연했던 영화에서 보여준 다양한 모습들을 하나둘씩 융합할 수 있는 노회한 배우였으면 좋겠다. 조금 더 욕심을 내보자면 광기 이후의 세상을 보여줄 수 있는, 팬들이 미처 알지 못하는 연기세계 속으로 승천하는 인간세계 이후의 삶을 드러낼 수 있는 배우라면 더욱 좋겠다. 적어도 '배우 최민식'이 아닌 '인간 최민식'이라면 말이다.

36

어떤
강의를
원하시나요

나는 발표를 잘하는 학생이 아니었다. 발표하기 위해 강단에 서면 하고 싶은 말을 주섬주섬 쏟아내기에 바쁜, 그런 부족하고 거만한 대학원생에 불과했다. 어떤 날은 대책 없는 자신감으로 발표를 엉망으로 만든 적도 있었으며, 심지어 질문하는 학생과 강단에서 논쟁을 벌인 사건도 있었다. 논쟁은 나의 판정승으로 끝났지만, 발표자세는 빵점짜리였다.

그렇게 석사과정을 마치고, 다시 박사과정에 입학하면서 발표할 기회가 늘어났다. 거의 매시간 토론과 발표가 이어지는 강행군 속에서 조금씩 발표실력이 나아졌다. 강의에 관한 수십 권의 책을 독학하면서 내게 적합한 강의가 무엇인지 알게 되었고, 거듭되는 강의 속에서 혼자만의 리그가 아닌, 학생들과 함께 호흡하는 강의로 변신을 거듭했다. 물론 컨디션이 나쁘거나 집중력을 분산시키는 학생이 있는 경우가 발생하면 고전을 감수해야만 했다. 강의란 학생과 선생 간 소통의 장이다. 태엽이 풀린 로봇처럼 혼자 중얼거리는 강의는 학생에게도, 선생에게도, 필요악이다.

개인적으로 제일 좋아했던 강의는 대학원 시절, 미술시장론을 강의하던 교수님의 그것이었다. 대학 시절까지 한결같이 받았던 주입식 교육에 대해서 심한 피로감을 느꼈던지라 마흔 즈음에 대학원 공부를 다시 시도해야만 할지 고민이 적지 않았다. 그런 문제를 깨끗하게 해결해준 은사가 소개하는 교수님이다. 그분은 열린 방식 강의를 지향했다. 마치 술자리에서 주거니 받거니 하는 온기 넘치는 분위기로 학생들과 소통하는 강의. '나는 강의하니까 알아서 외우든지 메모를 하든지 하시오.'라는 군대식 강의와는 차원이 달랐다.

수업은
공부의
전초기지일
뿐이다

학업과 직장생활을 병행해야 하는 관계로 지각을 밥 먹듯이 하던 내가 앉는 자리는 강의실 맨 뒤편이었다. 하지만 수업준비만큼은 여느 학생보다 철저하고 폭넓

게 감행했다. 다음 학기 수강신청이 결정되면 강의와 관련한 논문과 서적을 무조건 열권 이상씩 독파했고, 학기를 마친 후에도 주변 학문을 공부하는데 소홀히 하지 않았다. 주말과 공휴일에는 독서와 수업준비에 온 힘을 다했다. 궁금한 부분이 있으면 이메일, 단독면담, 전공학생들과의 만남, 인터넷, 논문, 서적 등을 뒤져서 반드시 확인하는 습관을 일상화했다. 쉬는 시간에도 절대 책에서 시선을 분리하지 않았다. 사실 집중력만 키우면 60분이라는 시간은 전공서적의 1/3 정도를 독파할 수 있는 소중한 시간이다. 중요한 것은 간절함이다. 간절함이 결과물을 만들고, 다시 그 결과물이 인생을 바꾸며, 바뀐 인생이 역사를 만든다.

미친 듯이 공부하는 마흔 살짜리 학생이 신기했던지 교수들은 내게 집중적으로 발표기회를 주기 시작했다. 처음에는 준비한 발표자료마저 제대로 소화하지 못하고 시간을 허비하는 일이 허다했다. 무슨 말을 했는지 기억이 나지 않을 정도로 긴장하는 바람에 발표를 망친 일도 있었다. 그런 헛발질을 반복하면서 조금씩 내 단점이 보이고 학생들의 질문과 의견을 버팀목 삼아 발표를 잘하는 학생으로 거듭나는데 무려 5년이라는 시간이 소요되었다.

요즘은 문화예술과 관련한 특강을 하는 재미에 푹 빠져 지낸다. 특히 강의를 마치고 질문을 쏟아내는 학생들의 눈망울을 보면서 무엇 하나라도 더 전달해주기 위해서 온 힘을 다한다. 내가 학생 시절 겪었던 무성의한 강사와 교수들에 대한 단절감의 악몽을 되풀이하지 않기 위해서다.

강의하다 보면 자연스럽게 강의에 집중하는 학생, 집중과 분산을 반복하는 학생, 수업에는 아예 관심 자체가 없는 학생, 수업에 불만이 있는 학생으로 구분된다. 수업에 불만이 있어 보이는 학생에게는 잊지 않고 질문을 던진다. 그 학생을 통해서 자신의 단점을 보완하고 소통의 계기로 삼아보자는 게 이유다. 세상에서 제일 무서운 인간관계는 죽음 다음으로 무관심이니까.

주로 한 시간이나 두 시간짜리 특강을 위주로 하다 보니 내가 원하는 토론식 강의를 할 시간적 여유가 없는 게 아쉬운 점이다. 토론문화에 익숙하지 않은 학생들에게 자신의 의견을 개진하고 상대방의 의견을 받아들이는 쌍방향식 수업은 인문학 교육에서 필수다. 강사는 학생을 통해서 발전하며 학생은 강사를 보면서 자신의 미래를 준비한다. 서로에게 도움이 되지 않는 수업은 시간 낭비에 불과하다.

듣는 자와 말하는 자

강의를 거듭하다 보니 나라는 인간이 참으로 까칠한 학생이었다는 사실을 새삼 깨닫고는 한다. 벼는 익을수록 고개를 숙이라는 격언이 안중에 없던, 대책 없이 공격적이고 비관적인 대학원생이었다. 어떤 학생들은 나를 보고 교수보다

더 많이 아는 학생이라고 치켜세워 주었다. '설마 그럴 리가요?'라는 뻔한 대답으로 응수했지만, 실제로 내가 그런 존재라고 믿었다. 지금 생각해보면 교수의 실력 자체를 저울질하려 했던, 안하무인격인 태도였다. 융합학문계에서 영원한 일인자란 존재하지 않는다. 누구도 특정분야의 일인자가 될 수 있다. 하지만 그 틈에는 겸손과 아량이라는 매개체가 반드시 존재해야 한다. 그게 살아있는 지식인의 조건이니까.

요즘은 내가 했던 강의를 녹취해서 다시 듣고는 한다. 강의하는 과정에서 잘못된 습관이 있는지, 같은 단어를 반복하는 버릇은 없는지, 혹시나 학생들을 얕보거나 무시하는 오류를 범하지는 않는지, 지루한 이데올로기 타령을 늘어놓지는 않는지, 원하는 스토리텔링을 제대로 풀어놓았는지에 대한 검증이 필요해서다.

강의를 시작하기 전, 강의실 분위기를 파악하는 과정은 필수다. 대학 강의가 아닌 대학원 강의에서는 학생들의 연령층이나 직업분포에 대한 사전학습이 필요하다. 학생들의 눈높이에서 이탈한 강의는 실패작이다. 강사의 관심의 폭만큼만 학생들은 마음을 열어주기 마련이다.

질문 또한 중요하다. 학생들의 무지를 자극하는 감정적인 질문은 지양해야 한다. 질문은 단지 강의에 집중하기 위한 수단 정도로만 이용한다. 아는 것이 부족하다고 무시당할 이유는 없다. 따라서 질문 뒤에 5초 이상 답변이 없다면 시간을 허비할 이유가 없다. 빠르게 정답이나 의견을 말해주고 강의를 진행해야 학생들과의 지적 거리감이 좁혀진다. 어차피 강의에 필요한 지식은 미디어를 통해서 보충할 수 있는 시대다. 강사만의 경험과 가치관에 대한 설명이 추가돼야 살아 숨 쉬는 강의가 가능하다. 이는 미디어에서 쉽게 얻을 수 있는 정보가 아니기에 더욱 가치가 있다.

　마지막으로 학생들의 현재와 미래에 도움이 되는 현실적인 조언을 후반부에 추가하는 강의를 잊지 말아야 한다. 학생들은 다양한 이유와 목적을 가지고 수업을 들으며, 비싼 등록금을 학교에 입금한다. 대학원이나 박사과정 또한 마찬가지다. 그들이 고민하는 논문이나 미래의 직업 그리고 스스로 공부하면서 힘들었던 과정들을 가감 없이 전해줄 수 있다면 어느 정도 궤도에 오른 강의가 아닐까 생각해 본다.

　가장 중요한 부분이 빠졌다. 무엇이냐면 '따뜻한 심장'이다. 학생들과 바라보는 관심의 눈길, 그들의 빛나는 미래를 위해서 전력을 다하는 태도, 지식전달자가 아닌 가치공유자가 지녀야 할 자세 등은 앞으로 깨우쳐야 할 강의의 필수요소라는데 이견이 없다. 학생들은 마음이 따뜻한, 그러면서 실력이 있는 상사를 원한다. 둘 중 어느 하나에 치우쳐 균형을 잃어서는 안 될 일이다. 그게 내가 듣고 싶은 강의의 본질이며, 내가 하고 싶은 강의의 미래다.

37

문화중독자의
노년기

바야흐로 100세 시대다. 평균수명이 길어지면서 생겨난 유행어가 이름 하여 100세 시대란다. 하지만 주위를 둘러보면 100세를 넘기는 노인은 거의 찾을 수가 없다. 이처럼 미디어가 만들어낸 유행어는 현실을 속이고 과장하고 왜곡한다. 20세기에 비해 평균수명이 늘어난 것은 사실이다.

우리나라를 잠깐 들여다보자. 국민의 수명은 고무줄처럼 늘어나는 중이라지만, 이와 반대로 장수시대에 대한 대책은 전혀 없는 실정이다. 수십억 원대의 자산가 정도를 제외하고는 일거리가 없는 이들에게는 오래 사는 게 자랑이 아니라 고통인 세상이다. 이유는 뻔하다. 돈 때문이다. 자본주의는 무전유죄를 당연시하는 물심동체적 이데올로기이다. 그렇다면 우리는 어떤 색깔의 노년기를 보내야 할까.

멀리 돌아갈 필요까지도 없다. 두 명의 문화중독자를 예를 들어 보자. 우선 작가 이외수다. 발동이 걸리면 무박 4일간 두주불사를 외치던 춘천의 명물, 걸인생활마저 마다치 않던 비관주의자. 목숨을 걸고 글 쓰기에 매진했던 창조형 인간. 내가 떠올리던 신인작가 이외수의 모습은 트위터 대통령으로 군림하는 지금과는 사뭇 다르다.

그의 초기작이자 출세작 『꿈꾸는 식물』을 살펴보자. 이 책에서는 상처받은 자의 비명이 페이지 곳곳을 붉게 물들이고 있다. 소설 속 주인공에게 쏟아지는 절망은 핏물로 뒤범벅되고, 보장되지 않은 미래는 그에게 죽음을 재촉한다. 신출내기 작가 이외수는 피고름을 짜내는 절실함으로 자기 고백적인 소설을 세상에 선보인다. 1981년도의 이야기다.

그는 1년여에 걸쳐 소설 『들개』와 『칼』을 연작으로 내놓는다. 예술을 위해서라면 목숨 정도는 내려놓아야 한다는 치열한 자가주의 정신의 산물이 『들개』라면 『칼』에서는 작가가 품고 있던 번뜩이는 날 끝을 구겨진 세상을 향해 정조준한다. 이외수는 작가의 내장을 토해내는 심정으로 평균 60여 회가 넘는 교정을 거듭하여 차곡차곡 작품을 쏟아낸다.

그로부터 10년이라는 세월이 흐른다. 이외수는 무명작가에서 스테디셀러 작가로 성장한다. 세상은 이외수를 위해서 강원도 화천에 '감성마을'이라는 보금자리를 선사한다. 그가 쓴 책은 편당 수십만 부가 팔리는, 이른바 '이외수 열풍'을 낳는다. 그뿐만인가. 이외수는 이른바 '트위터 대통령'으로 알려졌다. 그를 따르는 트위터 팔로워는 무려 170만 명에 이른다.

140글자라는, 진액만을 뽑아내서 폭풍 트윗을 올리는 이외수의 단문능력은 무협지에 등장하는 절정의 무술고수를 떠올리게 한다. 세상을 등진 채 절망에 관한 글을 쏟아내는 무명작가에서 세상과 화해하는 글을 쓰기 시작한 것이 바로 이때다.

이외수의 중반기 소설『벽오금학도』와『황금비늘』의 주제는 구원이다. 초기작『꿈꾸는 식물』을 통해서 핏물이 뚝뚝 떨어지는 날고기를 내놓던 이외수라는 주방장이 메뉴의 변신을 선택한 것이다. 이제 그는 누구라도 편하게 삼킬 수 있는 채식 위주의 건강식단을 독자들에게 제공한다.

이외수의 반대편에는 스스로 돈과 명성이라는 유혹에서 최후까지 대립각을 내려놓지 않았던 예술가가 존재한다. 2015년 봄, 서울 예술의 전당에서 전시회를 했던 작고 화가 마크 로스코(Mark Rothko)가 그 주인공이다. 전시회에 공수된 마크 로스코의 작품가격은 전부해서 한화로 2조 원이 훌쩍 넘었다. 그림 하나면 평생 돈 걱정은 할 일이 없는 천문학적인 액수다.

전업작가로
산다는
것

마크 로스코와 관련

한 유명한 일화 하나를 살펴보자. 장소는 뉴욕의 포시즌 레스토랑. 이곳은 주머니가 넉넉한 뉴요커들이 찾는, 이른바 잘 나가는 상류계급들이 찾는 음식점이었다. 마크 로스코는 레스토랑 측으로부터 묵직한 제안을 받는다. 이곳에 걸릴 만한 그림을 그려달라는 것이 제안의 내용이었다. 마크 로스코가 대가로 받는 액수는 무려 200만 달러. 1958년 물가를 참작한다면 적게 잡아도 200억이 족히 넘는 엄청난 금액이었다.

여기에서 마크 로스코는 예술가로서 삐딱이 정신이 발동한다. 그는 식사하는 이들이 음식을 먹지 못할 정도로 불편한 그림을 그리고자 했던 것이다. 하지만 이런 역발상에 근거한 시도는 실패로 돌아간다. 실제 포시즌 레스토랑에서 테스트 겸 식사를 해보았던 마크 로스코는 이 장소가 도저히 자신의 작품을 전시할 만한 공간이 아니라고 판단했다.

그는 200억이라는 거대 자본의 유혹을 과감하게 떨쳐 버린다. 계약을 스스로 파기하는 결단을 내린 사건이 있다. 그는 구매가 작품을 결정하는 것이 아닌 작품이 구매자를 결정한다고 믿었던, 작품에 생명력을 부여하고자 했던 신념 있는 작가였다.

마크 로스코의 후반기 작품들은 어둡고 무거운 분위기가 캔버스를 지배한다. 검은색과 회색 계통을 사용한 흔적이 그의 창작에 대한 고뇌를 대변해주고 있다. 그의 작품형식이 변하기 시작한 시점은 1950년도 말 무렵부터였다. 마크 로스코의 작품들이 시장에서 본격적으로 주목을 받기 시작하던 시기였다.

그는 붉은 색감이 주를 이루는 마지막 작품을 완성 후 권총 자살을 시도한다. 바늘구멍보다 더 작다는 전업작가로서 한창 빛을 발할 수 있던 시기에 스스로 세상을 등진 것이었다.

끝이
좋다면
모든 게
좋을 수
있을까

앞에서 소개한 두 명의 인물은 작품으로 시장의 간택을 받은 능력 있는 전업작가이다. 예술가의 꿈은 작품활동만으로 의식주를 해결할 수 있는 전업작가가 되는 것이다. 그렇다면 전업작가로 평생을 살아갈 수 있는 확률은 예술가 지망생 중 어느 정도일까. 넉넉히 잡아도 1%가 채 되지 않을 것이다. 따라서 대부분의 예술가 지망생은 어쩔 수 없이 예술의 세계와 자본의 세계를 넘나든다. 학업과정에서 예술에 대한 재능이 없음을 깨닫고 붓을 꺾는 때도 있다. 뒤늦게 시장에서 자신의 재능을 알아주지 않는다는 아픈 현실을 깨닫고 예술행위를 포기하는 이들 또한 부지기수다. 그들에 비한다면 이외수와 마크 로스코는 예술가로서 선택받은 삶을 영위했던 셈이다.

영국의 문호 셰익스피어는 '끝이 좋으면 모든 게 좋다.'라는 제명을 지은 바 있다. 요즘 같은 결과주의 위주의 시각에서 본다면 틀린 말이 아니다. 하지만 인생이란 결과만으로 지나온 삶을 깔끔하게 마무리해줄 만큼 녹녹하지도, 단순하지도 않다. 과거도, 현재도, 미래도, 무엇 하나 간과할 만한 가치체계가 아니라는 의미다. 따라서 무명예술가도, 전업작가를 꿈꾸는 예술가 지망생도, 1%의 법칙에 해당하는 전업작가도, 문화중독자의 노년기와 마주쳐야만 한다. 그들은 세상을 하직하는 날까지 창조에 대한 고뇌와 환희 사이를 오가는 고속열차의 앞자리를 마음대로 떠날 수 없다.

문화중독자의 노년기는 육체적인 쇠락과 반대곡선을 그린다. 그들의 눈빛은 나이를 먹을수록 형형해질 것이며, 그들의 심장은 새로운 가치에 대한 갈망으로 퍼덕거릴 것이며, 그들의 손끝은 창조에 대한 멈추지 않는 갈망으로 빛을 발할 것이다. 영원한 젊음을 원하는가. 그렇다면 문화중독자의 노년기를 택하라. '과정이 좋으면 모든 게 좋다.'라는 생의 역설을 머리가 아닌 마음으로 깨닫게 될지니.

38

걷고,
걷고

가수 전인권의 노래

중에서 〈걷고, 걷고〉, 〈울지 말아요, 그대〉를 즐겨 듣는다.

'내가 세상에 태어난 건 어쩌면 축복일지 몰라. 걷고, 걷고 또 걷는다. 멀리 반짝이는 별 지나.'라는 구절이 전인권의 걸걸한 절규에 섞여 터져 나오면 울컥하는 감정이 상승기류를 탄다. 노래 〈걷고, 걷고〉는 청자들의 마음 한구석을 절절하게 만들어주는 명곡이다.

그런데 이 노래는 사실 나의 주제가에 가깝다. 왜냐하면, 난 늘 발바닥을 땅에 붙이고 이동하는, 일명 뚜벅이이기 때문이다. 머리끝이 슬슬 희 끗희끗해지기 시작하는 나이에 남들은 수입차다, 스포츠카다, 마치 자동차를 자신의 분신처럼 여기는 마당에 정작 나는 운전면허조차 없는 21세기의 미개인이라는 소리다.

걷는
자를
위한
변명

이 시점에서 반전까지는 아니지만 힘주어 말하고 싶은 게 있다. 내용인즉슨, 남들이 운전할 때 걸을 수밖에 없는 다섯 가지 이유를 가지고 있다는 거다. '무슨 소리 하시나. 여자들이 퍽 좋아하겠네. 운전 못 하는 게 무슨 벼슬이라고.' 하며 비아냥이 솔솔 들린다. 인정한다. 여자 처지에서는 정말이지 도움이 안 되는 남자가 바로 뚜벅이다. 운전을 못 하는 남자들은 성춘사노를 날리면서 옆좌석에 앉은 여자에게 김동률의 노래를 틀어주는 낭만주의자가 될 수 없다. 그들은 자동차가 남자의 계급을 상징한다고 철석같이 믿는 여자들의 눈썰미를 충족시켜줄 수 없는 가련한 존재다. 결정적으로 뚜벅이들은 여자와 데이트를 한다 해도 자가용으로 안전하게 집까지 모셔다 드리는, 매우 기본적이면서 당연한 친절마저 베풀 수가 없다.

이 정도 핵 펀치를 두드려 맞고도 고집스럽게 걷고 또 걷는 이유가 있다. 우선 걷기는 건강에 좋다. 남자들은 마흔이라는 나이를 고비로 아랫배를 중심으로 생물학적인 변화가 온다. 체력저하와 함께 운동부족이라는 적신호가 아랫배 부근으로 쏠린다는 말이다. 흘러넘치는 뱃살을 줄여보겠다고 무턱대고 헬스장을 찾았다가는 튀어나온 뱃살이 굳은 살덩이로 변하는 비극이 닥칠 수도 있다. 하지만 걷는 자들에게 몸매관리는 고민거리가 아니다. 적어도 빠른 걸음으로 하루 평균 1시간을 걷거나 서 있는 이들에게 별다른 문제가 아니라는 소리다.

다음으로 책을 읽을 수 있는 소중한 시간이 확보된다는 거다. 나는 버스보다는 지하철을 선호한다. 버스 창가로 보이는 멋들어진 시내 전경을 포기하는 대신 지하철을 선택하는 제일 큰 이유는 바로 독서다. 따라서 내게 이동시간은 곧 독서의 시간이다. 게다가 지하철 전동칸의 적당한 소음 속에서 즐기는 독서는 무엇과도 바꿀 수 없는 지적유희를 보장받는다. 컨디션이 심하게 나쁘지 않다면 선 채로 독서를 즐기는 편이다. 하체운동과 독서라는 두 마리 토끼를 잡기 위해서다.

세 번째로 걷기는 창조적인 시야를 확보해준다. 자동차에서 바라본 세상은 걷는 자들이 경험하는 세상과 근본적으로 다르다. 자가용 앞 유리창 넘어 보이는 전망은 절반이 앞 자동차의 꽁무니 부분이다. 게다가 차량정체까지 추가되면 더 많은 자동차 엉덩이 부위를 무방비 상태로 시야에 흡수해야만 한다. 사람은 보는 만큼 반응하고 변화하는 존재다. 말할 것도 없이 30여 분 정도의 거리라면 무조건 걷기를 권한다. 늘 가던 길이 아닌, 익숙하지 않은 길이라면 더욱 좋을 것이다.

네 번째는 걷기종결자인 계단걷기다. 세상에는 적당히 귀찮은 일상들이 존재한다. 막상 움직이려면 마음이 움츠려지고, 막상 실행에 들면 그리

힘들거나 부담스럽지 않은, 애매한 일을 말한다. 나는 계단걷기가 이에 해당한다고 생각한다. 지하철 전동칸에서 빠져나오면 경쟁적으로 에스컬레이터를 타려는 이들이 보인다. 심지어 줄까지 서서 자신의 차례를 기다리는 행렬이 여럿 눈에 띈다. 조금만 용기를 내보자. 지루한 줄서기를 포기하고 계단걷기를 시도해보라. 주말이면 일부러 시간을 들여서 등산하는 이들도 많지 않은가. 평일에 등산하는 마음으로 계단걷기를 수행하자는 거다. 자고로 운동이란 과정보다는 결과에서 약발을 드러낸다.

마지막으로 걷기를 통한 참선의 즐거움이다. 걷는다는 행위는 장소에 따라서 의미를 달리한다. 한적한 수목원에서 즐기는 산책, 도심에서 시간에 쫓겨 행하는 속보, 괴로울 때면 시도하는 무작정 걷기, 체력관리를 위해서 동원하는 속보, 출퇴근 시간에 움직이는 잰 걸음걸이가 대표적인 예다.

중요한 건 걷는 동안 무엇인가를 부순히 사고할 수 있다는 사실이다. 무슨 생각을 하면 좋을까. 그건 전적으로 본인의 자유다. 어제 마셨던 중국집 고량주의 향내라든가, 허무하게 역전패로 마감한 프로야구 경기, 결말이 엉성했던 공포영화, 부실한 대중음식점 식사, 밤새 뒤숭숭했던 해괴한 꿈자리 등을 떠올릴 수도 있다. 그것도 아니라면 아무 생각을 안 해도 무방하다. 이 정도로 충분할까. 뭔가 아쉬움이 남는다. 이 아쉬움의 공간을 무엇으로 채우면 좋을까. 상상하는 시간을 권하고 싶다. 지금과는 명암도가 조금 다른 미래, 조금 더 재미있고 덜 외로운 미래, 지금과는 다른 일에 몰두하고 있는 미래, 더 독특하고 흥미진진한 이들을 만날 수 있는 미래, '이 정도면 정말이지 신 나게 살았어.'라고 중얼거리면서 눈을 감을 수 있는 미래를 마음껏 그려보자는 거다.

진정한 인생은 하체로부터 시작한다

이런저런 걷기중

독 예찬을 늘어놓았지만, 현대사회에서 뚜벅이는 조금 심하게 말하자면 무능력자군에 포함될 수도 있다. 하지만 졸지 말자. 어차피 조목조목 뜯어보면 모든 인간이 무능력자의 염색체를 가지고 있다. 말 바꾸기를 간식 먹듯이 하는 노후한 정치가들의 염색체, 돈이라면 모든 것을 바칠 준비가 되어 있는 저급한 물질만능주의자의 염색체, 일등이 아니면 사람이 아니라고 생각하는 타락한 결과주의자의 염색체, 속내보다는 껍데기에 열중하는 폼생폼사족의 염색체, 자기 생각은 제쳐놓고 남들이 하는 거라면 무조건 답습해야 성이 풀리는 구태의연한 보수주의자의 염색체가 감기바이러스처럼 방방곡곡을 맴돌고 있다.

자나 깨나 염색체, 자는 염색체도 다시 보자. 자신의 뇌에 걷는 염색체를 이식하자. 인생의 새 출발은 건강한 하체로부터 시작한다는 진리를 깨닫게 될 것이다.

39

이런
중독은
사양합니다

지금까지 재미있는 중독, 신 나는 중독, 건강한 중독에 대한 글을 정리해 보았다. 그렇다고 내가 중독예찬론자라고 생각한다면 착각이다. 식용버섯과 독버섯이 존재하듯이 중독에도 약이 되는 중독이 있는가 하면, 메르스급에 속하는 중독이 존재한다. 적을 알고 나를 알면 백전백승까지는 아니지만 적어도 반타작 이상의 삶을 이어갈 수 있다.

　가장 강력한 독성중독은 뭐니뭐니해도 권력중독이다. 데이비드 L. 와이너의 저서『권력중독자』에서는 권력이 우리 삶에 얼마나 깊숙이 자리 잡고 있는지 보여준다. 저자는 에필로그에서 권력중독자의 모습을 사실적으로 설명하고 있다. 그는 권력중독자란 사회에서 아랫사람을 다루는 데서 협조적이고 조화를 추구하는 행동을 보이는 대신에 폭압적인 방식으로 일관하는 극단적인 퇴행현상을 보이는 자라고 정의한다. 이 문장을 읽는 순간, 각자 떠오르는 권력중독자의 이름이 여럿 있을 것이다. 타인들의 이름이 아닌, 자신의 이름이 떠오른다면 다행이다. 하지만 권력중독증에 파묻힌 자신의 이미지를 쓱쓱 지워버리는 자라면 장기치유가 필요하다.

저자는 권력중독자로부터 자신을 보호하는 방법을 제시한다. 이는 극단적인 권력중독자가 당신에게 쏟아붓는 악의에 찬 언행을 영리하게 피해 나가며, 당신의 자존심을 훼손하지 않고, 자신의 입지를 굳혀 나가는 것이다. 이러한 성취는 비록 작은 부분이라 할지라도 커다란 승리라고 저자는 강조한다. 끝으로 당신이 괴물 같은 권력중독자와 공존하면서 어느 정도 편안함을 느낄 수 있게 된다면 당신은 정말 위대한 일은 해낸 것이라고 책『권력중독자』는 이야기한다.

물질중독으로부터의 혁명

두 번째 독성중독은 물질중독이다. 모든 욕망에서 자유로워지기 위해 금욕적인 생활을 반복하는 수도승처럼 살자는 말이 아니다. 살면서 누구나 소유하고 싶은 물건이 있으며, 누리고 싶은 삶이 존재한다. 하나의 욕망을 접는다 해도 또 다른 욕망이 튀어나오기 마련이다. 인정한다. 중요한 것은 딱 '여기까지'라는 거다.

영화 〈리플리〉에서 가난한 주인공 맷 데이먼은 부잣집 친구에게 의도적으로 접근한다. 맷 데이먼은 호화 요트에서 부자 친구를 살해하고 친구의 애인을 가로챘다. 친구의 재산마저 자신의 소유로 가로챈 맷 데이먼의 완전범죄 행각이 마무리될 즈음, 영화는 반전이 등장한다.

밑창이 뻥 뚫린 항아리처럼 물질에 대한 욕망은 끝이 없다. 쉽지는 않겠지만 이쯤 해서 멈추는 결단이 필요하다. 멈추는 타이밍을 스스로 제어할 수 없다면 다른 방법이 존재한다. 이는 물질 대신 정신적인 허기를 채우는 것이다. 물질이란 형체가 분명하지만, 정신이란 애초부터 형체가 존재하지 않는다. 겉으로 보기에 가시적인 결과물을 얻기에는 정신보다 물질이 유리하다.

그렇다면 어떻게 정신적인 반대급부를 얻을 것인가. 방법은 뜻밖에 간단하다. 물질을 욕망했던 경험을 되살려 현상에 대한 궁금증을 욕망하면 된다. 자유에 대한 궁금증, 역사에 대한 궁금증, 예술에 대한 궁금증, 철학에 대한 궁금증으로 자신의 머릿속을 가득 채우는 거다. 채우고 채우다 보면 다른 모양새의 욕망이 비집고 들어올 공간이 사라질 것이다. 물질 대신 지식으로 자신을 중무장시키자. 지식이 쌓이고 쌓이다 보면 자연스럽게 지혜라는 자원이 등장한다. 지혜가 숙성되면 통찰이라는 아우라가 나타날 것이다. 그러는 사이 물질중독 때문에 황폐해진 자기 자신에게서 멀리 떨어져 있는 초인이 보일 것이다. 그가 바로 자신의 또 다른 자아, 즉

물질로부터 초연해진 정갈한 자아라는 점을 인지하자.

마지막으로 환경중독이다. 인간은 본능에 따라 익숙한 것에 반응한다. 이를 반대로 해석하자면 익숙하지 않은 것들에 대해서는 본능에 따라 터부시하려는 요소가 육체와 정신을 지배한다는 말이다. 이렇게 산다 해도 삶은 흘러간다. 어제와 다르지 않은 오늘을 맞이한다 해도 삶은 무심하게 사라진다. 어느 날, 거울 속에 비친 백발노인의 모습이 당신을 맞이할지도 모른다. 노인의 눈에서는 총명한 빛이 사라진 지 오래이며, 입에서는 거친 숨소리만이 가득하다. 그대는 이미 정신마저 육체와 함께 쇠락해 버린 거다.

무엇이 문제였을까. 그렇다. 환경에 지배당한 자신을 내버려뒀기 때문이다. 국가와 사회는 우리를 자유의지를 갖춘 절대자로 만들어주지 않는다. 국가와 사회와 법 체계는 시민이 수동적인 삶을 연명하기를 원한다. 법이란 군소리 없이 지배당하는 자가 많을수록 국가가 유지되고 사회가 발전한다고 무지한 군중을 설득한다. 하지만 세뇌당한 자의 마지막은 그리 아름답지 못하다. 비록 크게 엇나간 삶은 아니지만 그렇다고 그들이 의미 있는 생을 살았다고 말할 수도 없다. 국가나 사회란 일회용 소비재처럼 시민을 조정하고 부리는 방식을 추종하는 일종의 시스템이다. 선택할 것인가, 선택당할 것인가. 정답은 환경중독이라는 늪에서 하루라도 빨리 탈출하는 것이다.

방법은
단
한 가지다

앞에 나열한 중독 이외에도 독이 되는 중독은 무수히 많다. 약물중독, 패스트푸드 중독, 니코틴중독, 섹스중독, 게임중독, 도박중독, 거짓말중독 등 겉보기에는 매력이 풍기지만 반복하다 보면 쉽게 빠져나오기 힘들다는 공통점이 있다.

결론은 맛은 보되 오래 머물게 해서는 안 된다는 거다. 악마에게 영혼을 저당 잡힌 파우스트처럼, 중독 또한 나약한 인간의 곁을 맴돌면서 지옥으로 향하는 동반여행을 떠나자는 유혹을 멈추지 않는다. 중독으로부터 유혹당할 것인가, 자유로워질 것인가. 방법은 단 한 가지다. 독성중독은 육안으로도, 뇌안으로도, 심안으로도 해설되지 않는다. 결론은 중독을 대면하는 이의 영안에 달려 있다. 과거에도, 오늘도, 내일도, 독성중독은 그대의 귓전에서 떠나지 않을 것이다. 지금, 유혹의 소리가 들리는가. 그럴 때면 나직한 목소리로 이렇게 대답해줘라. '미안하지만 이런 중독은 사양한다.'라고 말이다.

40

영화에
체하셨습니까

텔레비전은 _{인생}의 필요악인가. 그렇다는데 한 표를 던진다. 내게 텔레비전은 곧 영화감상실이다. 그 외의 용도는 기껏해야 프로야구 중계 정도를 보는 정도다. '그럼 어떤 영화를 즐겨 보나요?'라고 묻는다면 설명이 조금 복잡해진다. 이유는 블록버스터에서부터 작가주의 영화까지 비교적 잡식성 취향이 있기 때문이다.

사실 블록버스터 영화에 대해서는 불만이 많다. 이런 영화는 한마디로 '초장 싹쓸이판'을 위해서 비슷한 시기에 영화시장에 등장하는 저예산 영화들을 초토화시킨다. 상영관을 찾지 못한 가여운 영화들은 소리소문 없이 시장에서 매장된다. 블록버스터 영화에 무참히 밀려난 영화들은 기껏해야 유료 케이블채널에서 모습을 보인다. 하지만 이 또한 시청자들의 관심을 끌기에는 쉽지 않다. 이미 오락영화, 흥행영화에 중독된 저급한 관객들의 입맛을 쉽사리 만족시킬 수 없기 때문이다.

천만 관객의 시대란다. 인구 5천만이 옹기종기 모여 사는 쥐꼬리만 한 나라에서 두 가구에 하나씩 똑같은 영화를 보았다는 말이다. 이런 현상을 대문기사라고 떠들어대는 한심한 미디어는 그렇다 치고, 무슨 파시즘 시대에 상영했던 흑백선동영화도 아닐 텐데 생각할수록 한숨만 새어 나온다. 천만 관객이 한 가지 영화에 열광하는 집단히스테리 현상보다는 천만 관객이 이를 십 등분하여 열 개의 영화를 고루 볼 수 있는 영화판이 바람직하다는 거다.

이런 현상은 사람에게도 적용된다. 서점에서 홍보하는 소위 베스트셀러만을 쏙쏙 뒤져 읽었다는 초보독자와 인문학과 사회과학 서적을 고루 탐독한 독자와는 애초부터 대화 자체가 불가능하다. 물론 베스트셀러소자도 관심이 없는 이들은 말할 것도 없지만 말이다. 이 바쁜 세상에 영화까지 찾아서 볼 정신이 있느냐고 반문하지 말아 주었으면 좋겠다. 바쁜 세상에 리모컨을 움켜쥐고 텔레비전 채널을 돌려가면서 시간을 죽이거나, 새벽까지 술집에 틀어박혀 뒷말을 일삼는 무리가 주위에 널렸으니 말이다.

이 영화를
아십니까

'**어떤** 영화를 권하고 싶은데?'라는 질문에는 성실히 답변해주겠다. 일단 영화감독과 배우, 장르를 위주로 영화를 골라보라는 거다. 예를 들어 영국의 켄 로치(Ken Loach) 영화감독의 영화를 좋아한다면 그의 초기작에서부터 최근작까지 고루 들여다볼 필요가 있다. 나는 그의 영화 중에서 〈칼라 송〉, 〈티켓〉, 〈루킹 포 에릭〉, 〈엔젤스 셰어〉, 〈빵과 장미〉 등을 흥미있게 보았다.

뉴욕을 거점으로 활약하는 우디 앨런(Woody Allen)의 영화가 당긴다면 적어도 〈맨해튼〉, 〈애니 홀〉, 〈부부일기〉, 〈미드나잇 인 파리〉, 〈환상의 그대〉 정도는 봐 주는 게 어떨까 싶다. 왜 미국의 유명한 배우들이 적은 개런티를 감수하고 우디 앨런의 영화에 출연하려고 애를 쓰는지 알 수 있을 것이다.

몸개그의 일인자인 배우 잭 블랙(Jack Black)의 영화를 좋아하는가. 그렇다면 음악영화 〈스쿨 오브 락〉, 〈티네이셔스 D〉, 〈사랑도 리콜이 되나요〉를 우선 추천한다. 실제 록밴드의 리더로 활동하는 잭 블랙의 음악적 재능까지 덤으로 볼 수 있다. 음악 말고 마냥 웃기는 영화를 찾는다면 〈나쵸 리브레〉, 〈비 카인드 리와인드〉가 적당하겠다. 조금 진지한 잭 블랙을 만나고 싶다면 〈로맨틱 홀리데이〉, 〈버니〉 등의 영화가 버티고 있다.

거스 밴 샌트(Gus Van Sant) 영화에 관심이 많다면 악수를 청한다. 나 또한 이 감독의 영화에 열광하는 일인이기 때문이다. 적어도 〈굿 윌 헌팅〉과 〈파인딩 포레스터〉는 무조건 보아야 한다. 다음으로 〈프라미스드 랜드〉를 감상하면서 감독과의 거리감을 좁혀 본다. 여기까지 합격이라면 이제는 〈아이다 호〉, 〈라스트 데이즈〉, 〈밀크〉를 권하고 싶다. 나머지 영화들은 선택사항이다.

홍상수 감독의 영화는 다 보았다고 말하는 영화광이라면 쌍수를 들고 환영한다. 나 또한 홍상수표 영화는 모조리 감상했다. 보고 또 보기 위해 열 편 정도의 DVD를 소장하고 있다. 지식인의 이중성을 슬쩍 찔러주는 이른바 '능청떨기' 기법은 감독 우디 앨런을 연상하게 한다. 홍상수 감독의 영화는 초기 작품 〈돼지가 우물에 빠진 날〉의 무거움에서 탈피하여 삶의 아이러니를 쿡쿡 찔러주는 스타일로 성장했다. 〈북촌방향〉, 〈잘 알지도 못하면서〉, 〈하하하〉, 〈우리 선희〉, 〈극장전〉을 특히 좋아한다. 특히 〈우리 선희〉는 홍상수 감독 최고의 능청떨기 영화라고 말하고 싶다.

김기덕 감독의 영화 또한 빼놓을 수 없다. 영화 〈봄, 여름, 가을 그리고 겨울〉을 보았다고 김기덕 감독의 팬이라고 말하기에는 무리가 있다. 가장 김기덕 감독답지 않으면서도 심기덕 감독다운 영화가 바로 〈봄, 여름, 가을 그리고 겨울〉이다. 김기덕 감독의 영화 또한 초기작 〈파란 대문〉, 〈악어〉에서부터 요즘 영화까지 빠짐없이 뒤져 보았다. 김기덕표 영화는 신인감독 시절에서부터 지금까지 한결같이 이어오는 '단절'이라는 화두가 빛을 발한다. 나는 〈아리랑〉을 김기덕 감독 최고의 영화라고 생각한다. 그의 영화를 보고 있으면 돈벌이 영화에 미친 이들과는 격이 다른 김기덕 감독 특유의 거친 숨소리가 느껴진다.

원로급 배우 중에서는 더스틴 호프만(Dustin Hoffman)을 특히 좋아한다. 영화 〈빠삐용〉에서 어리숙한 죄수연기를 펼치는 더스틴 호프만에 놀라고, 〈졸업〉의 마지막 장면을 보면서 그의 광기에 감동하고, 〈투시〉에서 드러나는 여성연기는 그야말로 최고였다. 〈마라톤 맨〉에서 폭력과 죽음의 위협을 느끼는 더스틴 호프만의 시선 연기에 마취되었고, 〈하비의 마지막 로맨스〉에서는 에마 톰슨(Emma Thompson)과 함께 멜로 영화배우로도 무난한 연기를 펼쳤다고 박수를 쳐주고 싶다.

오다기리 조의 마이너 취향을 좋아한다면 〈텐 텐〉, 〈메종 드 히미코〉, 〈스크랩 해븐〉, 〈녹차의 맛〉, 〈진짜로 일어날지도 몰라 기적〉을 보는 게 무난하다. 조금 점잖은 오다기리 조를 원한다면 〈행복한 사전〉, 〈도쿄 타워〉, 〈유레루〉가 괜찮다. '적어도 오다기리 조라면 이 정도는 세게 나가줘야지.'라고 생각한다면 〈빅 리버〉, 〈헤져드〉, 〈새드 베케이션〉 등이 있겠다.

아무래도
영화에
체했나
보다

추가로 배우 이제훈의 폭력적인 연기가 압권인 한국영화 〈파수꾼〉, 양익준 감독의, 양익준 감독을 위한, 양익준 배우로 향하는 영화 〈똥파리〉, 임순례 감독의 초기작 〈세 친구〉, 정재은 감독의 역작 〈태풍 태양〉, 〈말하는 건축가〉, 1969년을 추억하는 이들을 위한 영화 〈테이킹 우드스탁〉, 오기가미 나오코 감독의 최고의 영화 〈카모메 식당〉, 소외된 자들의 외침을 들려주는 〈조제, 호랑이, 물고기들〉, 히사이시 조의 영화음악과 기타노 다케시 절정의 연기력이 빛을 발하는 영화 〈기쿠지로의 여름〉, 이와이 슌지 감독의 짧은 영화 〈4월 이야기〉, 옴니버스 영화 〈뉴욕 스토리〉, 배용균 감독의 놀라운 예술영화 〈달마가 동쪽으로 간 까닭은〉, 배창호 감독의 최고작 〈고래사냥〉, 전무송과 안성기, 임권택 삼각 편대가 완성한 종교영화 〈만다라〉, 미키 루크(Mickey Rourke) 최고의 연기를 보고 싶다면 〈더 레슬러〉가 있으며, 해리슨 포드(Harrison Ford)가 등장하는 아름다운 드라마 〈위트니스〉, 캘리포니아 와인 여행을 떠나고 싶다면 꼭 보아야 하는 영화 〈사이드 웨이스〉, 자위 도우미 아줌마가 나오시는 〈이리나 팜〉, 선댄스 영화제가 선택한 영화 〈미스 리틀 선샤인〉, 웃다가 죽고 싶다면 〈웰컴 투 콜린우드〉를 놓치지 마시라.

헉헉, 소화제가 어디 있더라. 영화 이야기를 좀 과하게 했더니만 아랫배가 살살 아프기 시작한다. 아무래도 영화에 체했나 보다.

41

인생역전타

야구의 묘미라면
팽팽한 투수전도 좋지만 뭐니뭐니해도 9회 말 투아웃에 터지는 역전타가
최고다. 역전 홈런이라면 더 극적이겠으나 야구가 뭐 그리 만만한 게임인
가. 역전 안타 정도만 해도 충분하다. 역전패를 당하는 상대편이 감수해야
하는 충격파까지 고려한다면 끝내기 홈런은 너무나 가혹한 현실이다.

　인생에도 가끔은 시원한 역전타가 터져 주는 일이 있더라. 예를 들어
서 출근길 지하철 사고가 나는 바람에 회사에 지각했는데 담당 책임자가
급한 일로 외부출장을 갔다던가, 기말고사를 제대로 망쳤는데 이상하게
학점이 잘 나왔다던가, 중국요리를 먹고 집에 와서 카드매출전표를 꺼내
보니 마지막 자리에 0이 하나 빠졌다던가 하는 사건이 이에 해당한다. 너

무 소소한 예시라고 비웃지 마시라. 원래 작은 기쁨의 여파가 잔상에 오래 남는 법이다.

'역전타는 무슨, 노력한 만큼 결과에 만족하면 그만이지!'라고 씁쓸한 미소를 날리는 이도 있을 것이다. 나쁘지 않은 생각이다. 하지만 모든 일이 정직한 결과만 내리쏟아 낸다면 사는 재미가 없지 않을까. 노력한 만큼 결과가 나오지 않을 때도 있고, 노력이라고는 모기 발톱만큼도 하지 않았건만 이상하게 좋은 결과가 나오는 게 더욱 버라이어티한 인생이 아닐까. 적당히 모호한 인생이 또박또박 계산기 두드리듯이 살아가는 인생보다 멋진 거다. 그런 모호함이 모여서 다양한 문화가 살아 숨 쉬는 명랑 사회가 탄생하는 것이다.

내 인생의 9회 말 투아웃에 역전타

모름지기 중독자의 인생에도 역전타가 펑펑 터져 주는 일이 많았으면 좋겠다. 특히 문화 중독자들에게 인생역전타는 가뭄의 단비와 다름없다. 스무 살 무렵, 사회인이 된다면 꼭 하고 싶은 일이 두 가지가 있었다. 하나는 헌책방이요, 두 번째는 중고레코드점이었다. 헌책방은 알다시피 원하는 만큼 책을 무한정 읽고 싶다는 후기 낭만주의적인 사고에서 연유했다. 하지만 헌책방을 자주 드나들면서 좋아하는 일과 먹고사는 일이 엄연히 다르다는 사실을 깨달았다. 게다가 꾸준히 헌책을 외부로부터 유입하지 못한다면 헌책방 유지는커녕, 입에 풀칠하는 일도 쉽지 않다는 아픈 현실을 깨달았다.

중고레코드점은 어떤가. 좋아하는 음악을 무한정 들으면서 음악광 손님들과 재미있는 시간을 보낼 수 있다는 매력 때문에 원했던 일이었다. 하지만 끝도 없이 늘어나는 수천 장의 LP 음반을 모조리 팔아치운 뒤부터 중고음반점에 대한 꿈을 접어야 했다. 총알이 있어야 전쟁을 치르듯이, 대부분의 중고레코드점은 주인이 소장하던 음반을 기반으로 시작하는 편이다. 지금 내 서재에는 2천여 장의 시디만이 자리를 지키고 있다. 이럴까, 저럴까 망설이다 직장에 취직하고 음악 관련 직종으로 이직할 수 있었던 두어 번의 기회를 포기하면서 지금까지 그저 그런 월급쟁이로 버텨온 것이다.

그동안 시간을 내서 공연기획을 해보고, 수년간 음악잡지에 음반에 관한 평론기사를 기고했고, 소설을 쓴답시고 주말 새벽이면 책상머리에서 이런저런 이야기를 써보기도 했다. 결국, 문화예술에 대한 애정과 관심이 대학원과 박사과정의 전공을 정하는 데 커다란 영향을 미친 게 아닌가 싶다. 석박사 시절 공부했던 문화콘텐츠 관련 과목들은 하나같이 재미있었다. 모호하게 알고 있던 문화이론들이 체계화되었으며, 이와 관련한 수많은 명저를 체계적으로 접할 수 있었던 행복한 시간이었다.

인생열차
삼등칸
인생

사실 마지막 제목으로 정한 '인생역전타'는 홍대에서 알게 된 지인의 노래 제목이다.

어쩌면 우리는 모두 시원한 인생역전타를 원하는 게 아닐까.

어쩌면 우리는 지금까지 살아왔던 삶이 아닌, 있어 보이고 멋있어 보이는 생을 위해서 인생역전타를 노리는 게 아닐까.

어쩌면 우리는 무엇인가에 중독할 수밖에 없는 만년 벤치워머(Bench Warmer)가 아닐까. 하지만 우리에게도 결정적인 한 방이 있다는 희망을 포기하지 못하는 왕년의 홈런타자가 아닐까 싶다.

서촌에 사는 문화중독자가 힘들고 우울할 때 즐겨 듣는 노래 〈인생역전타〉를 끝으로 글을 마칠까 한다.

말도 못하게 힘들었어요. 지지리 복 없는 인생
구제할 수 없는 내 인생. 그게 전부라 생각해왔어
그냥 아무 생각이 없었습니다. 생맥주 나르던 시절
맥주 찌든 내 튀김 기름 내 그게 전부라 생각했어요.
창공을 가르는 홈런포처럼 9회말 투 아웃의 역전타처럼
인생의 역전타를 날릴 수 있는
내게도 칠 수 있는 공이 오겠지.

벤치 대기도 하지 못하는데 역전타는 무슨 역전타~

악셀 고장난 자동차 마냥 앞으로 가지 못하는
제자리 돌기 내 인생 그게 전부라 생각했어요.
배운 것 없고 가진 것 없는 인생 열차 삼등칸 인생
편도차편 밖엔 못 끊는 그게 전부라 생각했어요.
창공을 가르는 홈런포처럼 9회말 투 아웃의 역전타처럼
인생의 역전타를 날릴 수 있는
내게도 칠 수 있는 공이 오겠지.
벤치 대기도 하지 못하는데 역전타는 무슨 역전타~
창공을 가르는 홈런포처럼 9회 말 투 아웃의 역전타처럼
인생의 역전타를 날릴 수 있는
내게도 칠 수 있는 공이 오겠지.
벤치 대기도 하지 못하는데 역전타는 무슨 역전타~

[출처] 〈인생역전타〉 볼빨간 노래, 돌코(이봉수) 작사, 볼빨간(서준호) 작곡

이뿔싸, 난 중독하고 말았다

중독에 대한 40여 개의 작은 이야기들을 마쳤다. '정말이지 중독스디요 삶을 산았군'이라는 회한이 앞을 가린다. 사실 문화중독자의 삶은 상상하는 것만큼 멋지거나 대단하지 않다. 오히려 세상의 비아냥과 구박과 박해 속에서 잡초처럼 버텨온 인생이라는 게 맞는 표현이 아닐까 싶다. 더구나 우리가 사는 지구촌은 변화보다는 현상유지가, 도전보다는 답습이, 보이지 않는 것보다는 보이는 것에 목숨을 걸어야 하는 신자유주의의 사각지대가 아닌가.

코흘리개 시절에는 자신이 문화중독자라는 이상 증상을 깨닫지 못했다. 남들이 길바닥에서 뛰어놀 때 방구석에 처박혀 전래동화를 읽고 또 읽고, 손가락에 굳을 살이 배기도록 로봇만화를 그리는 게 당연한 삶이라고 자위했다. 누구도 내게 중독을 강요하지 않았고, 나 자신도 중독자의 삶을 원하지 않았다.

　어디에서 그런 유전자가 생겨났을까 생각해보니 학비를 벌기 위해 미8군 밴드에서 일했다는 아버지가 슬쩍 떠올랐다. 팔순이 넘은 아버지는 요즘도 매일 일기를 쓴다. 하루하루의 흔적들을 고해성사하듯이 일기장에 또박또박 새기는 중이다. 당신은 중독자의 길을 걷고 있는 자식이 그다지 편치 않았을 것이다. 그래도 내가 태어날 때 세상을 전부 가진 듯이 좋아했다니 그나마 다행이다. 신생아 시절만 해도 내가 비교적 쓸모 있는 존재였나 보다. 아니면 남아선호사상을 맹신했던 아버지의 고전적인 사고방식이 이유일 수도 있겠다.

　십 대 중반 무렵이 돼서야 자신이 스스로 중독자라는 사실을 알게 되었다. 록음악에 미쳐 종일 음악잡지를 뒤적이는 내 모습은 여느 모범생들과는 조금 달랐다. 새벽 1시에 시작하는 월드뮤직 라디오방송을 듣겠다고 수면부족에 쫓기는 모습 또한 학생치고는 조금 이상했다. 이상한 나라에서 서식하던 자식을 가슴 졸이며 지켜보았던 부모에게 이제야 심심한 사

죄의 변을 올려 본다. '죄송합니다. 아무리 생각해 보아도 전 중독자의 삶이 가장 편하고 자연스럽네요.'

독서에 미치고, 음악에 미치고, 만화에 미치고, 달리기와 걷기에 미치고, 영화에 미치고, 맥주에 미치고, 글 쓰기에 미치고, 공상에 미치고, 미치는 행위 자체에 미치고, 그 미친 상태를 훔쳐보면서 더욱 강력하게 미칠 수 있는 미래를 꿈꾸며 지금까지 용케 살아왔다.

돌이켜보니 세상의 모든 문화중독자는 대부분 이기적인 유선사글 기졌다는 사실에 고개를 끄덕일 수밖에 없다. 무엇인가에 심하게 미쳐 있다는 건 일상적인 삶에 관심이 없다는 말과 동급이다. 그런 변종인간을 이해하는 주변인은 세상에 많지 않다. 그래서 문화중독자 또한 외롭고 쓸쓸한 삶을 자신의 운명으로 받아들일 필요가 있다. 외롭고 쓸쓸하지 않다는 건 무엇인가에 중독할 만한 삶의 환경을 구축하는 데 실패했다는 의미다. 남들과 다른 이상야릇한 일상이 차곡차곡 쌓여야만 문화중독자의 염색체가 형성되는 것이다.

문화중독자는 왜 보수주의자들의 반대편에 서야만 할까. 이유는 보수주의자들의 성향과 문화중독자의 성향이 엄청나게 다르다는 데 있다. 보수주의자 또한 문화중독자 못지않게 좋은 세상을 꿈꾼다. 문제는 콘텐츠에 있다. 그들은 변화보다는 현상유지를, 소수보다는 다수의 행복을 추구한다. 얼핏 보기에는 절대다수의 행복선을 추구하는 마이클 샌델식 공리주의적 사고방식으로 보일 수 있다. 하지만 실제 시민의 선택지는 공리주의적 결론에 익숙하지 않다.

예를 들어 한 명의 지인과 다섯 명의 모르는 사람 중에서 자신의 선택에 따라 삶과 죽음이 갈린다고 가정할 때 어떤 결과가 나올 수 있을까. 공리주의적 해답이라면 당연히 다섯 명의 모르는 사람을 선택해야만 한다. 그렇지만 대다수 사람은 자신의 지인을 선택하는 지극히 비공리주의적 경향을 보인다. 결국, 공리주의란 실제 상황에 적합하지 않은, 이상적인 이론일 뿐이다.

이러한 실험을 '이데올로기의 환상을 깨는 과정'이라고 말하고 싶다. 인간 스스로 만들어 놓은 수많은 철학과 이론은 결국 인류를 위해서 존재하는 참고용 자료일 뿐이다. 인간이 이데올로기의 노예로 전락하는 순간,

세계대전에 동원되었던 독일시민과 다를 바 없는 비극적인 생을 감수해야 한다.

　문화중독자의 삶을 지탱해주는 가장 큰 에너지원은 무엇일까. 바로 '나쁜 생각'이다. 정부에서 외치는, 미디어에서 보도하는, 광고에서 유혹하는, 학교에서 떠드는 온갖 정보를 자신만의 생각으로 재단하는 능력을 말하는 것이다. 이런 시선은 단시간에 만들어지지 않는다. 세상에 저항했던 수많은 선배 문화중독자의 결과물을 통해서, 세상을 재편했던 문화중독자의 역사를 통해서, 세상을 구별 짓기 했던 문화중독자의 번뜩이는 상상력을 통해서, 그 상상력을 과감히 실천하는 과정에서 '나쁜 생각'은 만들어진다.

　피카소의 큐비즘, 아인슈타인의 상대성 이론, 메시앙의 현대음악, 르 코르뷔지에(Le Corbusier)의 실용주의 건축, 포크음악에 전자음악을 도입했던 밥 딜런, 남미 해방운동의 영웅 시몬 볼리바르(Simón Bolívar), 한국 노동운동의 창시자 전태일, 가야금 연주의 세계화를 이룬 황병기, 3분 예술의 아름다움을 보여 준 비틀스, 행동하는 지식인의 표상이었던 리영희, 재즈음악의 역사를 바꾼 마일스 데이비스, 저항문학의 상징 에두아르도 갈레아노(Eduardo Galeano), 영화산업의 선구자 뤼미에르(Lumière) 형제, 아래로부터의 역사 읽기를 전파한 하워드 진, 권력의 정체를 마음껏 파헤친 미셸 푸코, 인문학 연구자의 영원한 숙제인 마르크스, 프로이트, 다윈 등은 모두 '나쁜 생각'을 통해서 세상을 재편할 만한 핵 펀치를 소유한 중량급의 문화중독자들이다.

희뿌연 안갯속에서 계단을 올라왔다. 전부해서 99계단. 처음에는 잰걸음으로, 때론 전력을 다해서, 정말 힘들 때에는 느린 보폭으로, 쉬지 않고 또박또박 계단을 디뎠다. 어제서야 비로소 50계단을 돌파했다. 처음에는 아무것도 모르고 계단 초입에 멍하니 서 있었다. 남들이 모두 계단을 오르니까 그들의 뒷모습을 올려 보면서 계단을 따라 올랐다. 그렇게 오르다 보니 샛길로 빠져서 시간을 낭비한 적도 있었다. 숨이 턱 끝까지 차서 계단 걷기를 포기할까 하는 고민의 시간도 있었다. 그렇게 걷고 또 걷다가 여기까지 흘러왔다. 이제 조금만 더 오르면 계단 끝을 알리는 신호음이 나를 부를 것이다.

문화중독자의 삶 또한 계단 오르기와 크게 다르지 않다. 무리하면 지치기 마련이고, 기회를 잡으면 반드시 위기가 닥친다. 문화중독자의 생은 시간이 흐를수록 더욱 변화무쌍한 기운을 얻는다. 그가 가진 후천적인 보헤미안 기질로 세상이 말린다 해도 발걸음을 멈추는 일이 없다.

세상에는 두 가지 종류의 우주가 존재한다. 지구 바깥에 존재하는 커다란 우주와 마지막을 알 수 없는 문화중독자의 우주가 그것이다. 당신만의 우주가 존재하는가. 그렇다면 신심으로 축하한다. 그대는 문화중독자의 삶을 선택한 빛나는 존재임이 틀림없으니까.

문화중독자 이봉호

이 책을 읽을
당신과 함께
하고 싶습니다!

뉴스레터 신청
stickbond@naver.com
모니터링요원 모집

이 책을 읽은
당신과 함께
하고 싶습니다!